无脊椎动物学
野外实习指导

WUJIZHUI DONGWUXUE
YEWAI SHIXI ZHIDAO

席贻龙◆主编

安徽人民出版社

图书在版编目(CIP)数据

无脊椎动物学野外实习指导 / 席贻龙主编. —合肥：安徽人民出版社，2008.4（2020.1重印）

ISBN 978-7-212-03179-4

Ⅰ.无… Ⅱ.席… Ⅲ.无脊椎动物门—教育实习 Ⅳ.Q959.108-45

中国版本图书馆CIP数据核字（2008）第045895号

无脊椎动物学野外实习指导

席贻龙 主编

出版发行：安徽人民出版社

地　　址：合肥市政务文化新区圣泉路1118号出版传媒大厦8楼

发 行 部：0551-3533258 3533268 3533292（传真）　邮编：230071

组　　编：安徽师范大学编辑部　电话：0553-3883578　3883579

经　　销：新华书店

印　　制：苏州市古得堡数码印刷有限公司

开　　本：787×960　1/16　印张：10.625　字数：158千

版　　次：2008年5月第1版　2020年1月第3次印刷

标准书号：ISBN 978-7-212-03179-4

定　　价：16.00元

安徽师范大学教材建设基金资助编写
安徽师范大学教材建设基金资助出版

《无脊椎动物学野外实习指导》编委会

主　编:席贻龙
参　编:郝家胜　温新利　胡好远

内容简介

无脊椎动物种类繁多,生活环境多样,不同生态类群的无脊椎动物标本的采集和制作方法也有很大差异。本书按照无脊椎动物的栖息环境着重介绍了浮游动物、底栖动物、土壤无脊椎动物和陆生昆虫的基本知识及其标本的采集、制作、保存和分类检索等。本书具有可操作性较强、内容深浅适中等特点,可作为内陆地区高等学校生物学专业学生的无脊椎动物学野外实习教材,也可作为相关专业研究生野外工作、中学师生野外科技活动和有关基层单位科技人员进行生物资源调查的参考书。

前　言

无脊椎动物学野外实习是高等学校生物学专业学生的重要实践环节之一，对于培养高素质的具有较强创新能力的生物学专业人才具有重要的意义。野外实习既给学生传授了专业知识，培养和提高学生野外吃苦耐劳、团结协作的精神和工作能力，又引导学生自觉强化热爱自然、保护自然的意识。为了进一步加强学生在这一重要的实践环节中的训练，为学生提供一本比较实用的《无脊椎动物学野外实习指导》很有必要。

无脊椎动物种类繁多，各生境、各地域间差别较大限于时间和经费等方面的原因，不同院校在实习过程中所涉及的无脊椎动物类群存在较大的差异。因此，虽然类似动物学野外实习指导方面的教材偶有出版，但出版一本比较适合内陆地区高等学校生物学专业学生使用的、具有较强可操作性、内容深浅适中的《无脊椎动物学野外实习指导》一直是本书编者想完成的工作之一。

无脊椎动物的生活环境多样，不同生态类群的无脊椎动物标本的采集和制作方法也有很大的不同；但在有限的时间内使学生在无脊椎动物学野外实习工作中获得尽可能多的收获应该是野外实习指导教师一直努力的目标。为此，本书在编写过程中，按照无脊椎动物的栖息环境，着重介绍了浮游动物、底栖动物、土壤无脊椎动物和陆生昆虫的基本知识及其标本的采集、制作、保存和分类检索等内容。必须说明，由于昆虫的分布非常广，本书除了将水生昆虫的标本采集、保存和分类检索等内容在底栖动物一章作了介绍外，其他生境中昆虫的标本采集、保存和分类检索等内容一并汇总在陆生昆虫一章中进行介绍。此外，考虑到野外实习内容深浅适中等方面的需要，本书在各类群无脊椎动物的分类检索方面大多只提供到分科或分属检索表。

本书是在安徽师范大学生命科学学院动物学教研室长期使用的《无脊椎动物学野外实习手册》（讲义）的基础上编写而成的。初稿编写过程中,“野外实习的准备、组织与实施”一章由温新利同志完成,“土壤无脊椎动物”一章由郝家胜同志完成,其他各部分由席贻龙、胡好远和温新利同志完成,全部插图的配置由温新利和席贻龙同志完成。初稿的修改、补充和最后的统稿由席贻龙同志完成。由于编者的水平和在教材编写方面的经验有限,本书一定存在着不足甚至谬误,恳请同行和读者批评指正。

本书的编写和出版先后得到了安徽师范大学教材建设基金的资助。

编　者

2007 年 12 月

目　录

第一章　野外实习的准备、组织与实施

无脊椎动物学野外实习是高等学校生物专业的重要教学内容，野外实习能否顺利进行，科学的实习目标是基础，充分的准备工作是前提，科学的组织形式是核心，严格的纪律要求是关键，必要的安全保护知识是保证。

第一节　野外实习的准备

野外实习能否达到预期目的，准备工作是关键的一环，因而必须充分做好准备工作。这项工作包括预察、业务准备、实习的组织、采集工具以及实习所需物品和参考书等的准备。

一、实习地点的选择

无脊椎动物学野外实习的地点应选择人为干扰较小、景观具有典型性和多样性、植被覆盖率高、生物多样性较丰富的地方为宜。此外，应兼顾实习地的交通状况，因为实习时除个人行李用具外，还要携带实习仪器、药品及参考书籍，生活后勤工作相当繁重，因而交通便利和距学校较近是实习选点时必须考虑的原则，它不仅可以节约经费和旅途时间，保证实习的最大效益，而且也有利于教师经常前往实习地观察，充分做好业务准备工作。

许多自然保护区或名山风景区是较合适的实习地，但保护区的保护法规和风景区的管理规定人人必须严格遵守。自然保护区一般从中心向外分为核心区、缓冲区和生产实验区。核心区受到严格保护，一般不能随便进入；外围的生产实验区可以进入，也有居民点，是我们选定的主要采集地和驻地。名山风景区分景区（游客游览路线两侧）和景区外围，景区人为干扰大，应选择景区外围进行采集。

二、实习时间的安排

考虑到昆虫的发育程度和物种多样性，无脊椎动物学野外实习多集中于五、六月，或在暑假放假前进行。但是，应当指出：在一年四季，动物的组成、分布和生活方式均具有明显的差异，仅仅一次野外实习不可能对不同季节的动物组成及其活动规律得到全面的认识。如果条件允许，在教学过程中，最好在不同季节，每次安排半天至一天或利用星期日、节假日，多进行一些近郊实习，这样会有助于学生了解动物在一年中各季节的生活和分布规律。

三、常用器具和药品的准备

(一)常用器具

便携式解剖镜和显微镜，捕虫网(包括飞网、扫网和水网)，镊子，吸虫管，广口瓶，毒瓶，展翅板，三级平台，昆虫针(各种型号)，大头针，透明纸，背包，标签，记录本，铅笔，标本盒，剪刀，放大镜，纸质小标本盒，小毛笔，草帽，山袜等。

(二)常用药品

业务用品：70%酒精，5%～10%福尔马林，樟脑精等。

生活用品：仁丹，蛇药，风油精或清凉油，创可贴，红花油，云南白药，诺氟沙星等。

第二节　野外工作的记录和分类检索表

一、野外工作的记录方法

正确和系统地记录是任何一个成功的野外实习所必须注意的事项之一，因此必须加以重视。记录时至少应做到下列几点：

(1)记录必须在采集的实地进行，不能等到回驻地之后凭记忆来进行；

(2)记录应用铅笔，用钢笔填写的记录浸湿后易模糊不清；

(3)每次记录必须有次序地记下编号、采集地点及其环境特点(树丛、

草丛、池沿、溪流等等)、该动物的活动情况以及采集日期;

(4)每天实习归来,各组应指定专人轮流整理记录。

二、分类检索表及其使用和编制方法

生物分类检索表是生物分类学研究中常用的一种专业工具,用于对未知分类地位的细菌、植物、动物等生物进行科学分类和鉴别。根据使用目的的不同,依照某些稳定且易于观察和鉴别的特征进行一系列的二分,最终指向门、纲、目、科、属、种乃至亚种等分类阶元,有分门、分纲、分目、分科、分属和分种等检索表。

检索表一般不提供直观的图片,也不对不同类群的生物进行完整的特征描述,用于二分的文字描述常涉及大量专业术语,因而使用检索表需要一定的专业背景并接受专门的训练,否则很难通过检索表获得正确的结果。但是由于检索表以稳定而显著的特征进行分类,故而使用检索表鉴定生物物种一般能够得到比较准确的结果。

(一)分类检索表基本类型

目前,常用的是二歧分类检索表,这种检索表把同一类别的动物,根据一对或几对相对性状的区别,分成相对应的两个分支;接着,再根据另一对或几对相对性状,把上面的每个分支再分成相对应的两个分支,好像二歧式分枝一样,如此逐级排列下去,直到编制出包括全部动物类群的分类检索表。所有动物分类检索表均以二歧分类的方式对动物进行分类,逻辑结构完全相同,在具体编制和排版上有三种不同的结构:平行式检索表(又称双项式检索表)、连续平行式检索表(又称单项式检索表)和定距式检索表(又称包孕式、退格式、次级式检索表)。其中,平行式(双项式)和连续平行式(单项式)在动物分类检索表中最为常见。

(二)二歧检索表的结构及使用方法

检索表的运用和编制是生物分类工作重要的基础,学习和研究生物分类必须熟练掌握检索表的使用。现以弹尾目、缨尾目、直翅目、鞘翅目、半(异)翅目和同翅目等 6 目昆虫(成虫)制成的分目检索表为例,说明各种检索表的使用方法。

1. 平行式(双项式)检索表

(1) 基本结构:上述6目昆虫编写的平行式检索表,可表达如下。

1. 无翅 …………………………………………………………… 2
   有翅 …………………………………………………………… 3
2. 腹末有跳器 ………………………………………………… 弹尾目
   腹末有1条中尾丝和1对尾须 ……………………………… 缨尾目
3. 口器刺吸式 …………………………………………………… 4
   口器咀嚼式 …………………………………………………… 5
4. 前翅为半鞘翅,后翅膜质;喙着生于头部前端 ………… 半(异)翅目
   前后翅均膜翅,或前翅略加厚;喙着生于头部腹面后端 …… 同翅目
5. 前翅革质,后翅膜质;后足跳跃式,或前足开掘式 ……… 直翅目
   前翅鞘质,后翅膜质 ……………………………………… 鞘翅目

(2)特点:每一条中包含两项相对立的特征。总条数为所含种(类)数(n)减1(即n−1)。

(3)使用方法:从第1条开始查起,两条对立的特征中的一条与所鉴定的对象符合,就按那一项所指示的数字继续向下检索,直到检索到具体的名称为止。

2. 连续平行式(单项式)检索表

(1)基本结构:上述6目昆虫编写的连续平行式检索表,可表达如下。

1(4) 无翅。
2(3) 腹末有跳器 ………………………………………… 弹尾目
3(2) 腹末有1条中尾丝和1对尾须 ……………………… 缨尾目
4(1) 有翅。
5(8) 口器咀嚼式。
6(7) 前翅革质,后翅膜质;后足跳跃式,或前足开掘 ……… 直翅目
7(6) 前翅鞘质,后翅膜质 ………………………………… 鞘翅目
8(5) 口器刺吸式。
9(10) 前翅为半鞘翅,后翅膜质;喙着生于头部前端 ……… 半(异)翅目
10(9) 前后翅均膜质,或前翅略加厚;喙着生于头部腹面后 …… 同翅目

(2)特点:每一条中仅含1项,与其后括号中序号指示的特征相对应,

如上表中的1(4)和4(1)。总条数为所含种(类)数的2倍减2(即2n−2)。

(3)使用方法:从第1条开始查起,所鉴定的对象的特征若符合,就连续向下检索;若不符合,就检索其后括号中的序号,直到检索到具体的名称为止。亦即查阅时,若其性状符合1时,就向下查2;若不符合1时就查相对的项号4,如此类推,直到查明其分类等级。

3. 定居式(包孕式)检索表

(1)基本结构:上述6目昆虫编写的连续平行式检索表,可表达如下。

A. 无翅

　B. 腹末有跳器 ……………………………………………… 弹尾目

　BB. 腹末有1条中尾丝和1对尾须 ……………………… 缨尾目

AA. 有翅

　B. 口器咀嚼式

　　C. 前翅革质,后翅膜质;后足跳跃式,或前足开掘式 ……… 直翅目

　　CC. 前翅鞘翅,后翅膜质 ………………………………… 鞘翅目

　BB. 口器刺吸式

　　C. 前翅为半鞘翅,后翅膜质;喙着生于头部前端 ……… 半(异)翅目

　　CC. 前后翅均膜质,或前翅略加厚;喙着生于头部腹面后端 … 同翅目

(2)特点:每一对互相区别的特征分开编排在一定的距离处,并标以相同的项号,每低一项号退后一字。

(3)使用方法:从首项号开始查起,所鉴定的对象的特征若符合,就连续向下检索;若不符合,就检索其后相同项号,直到检索到具体的名称为止。即若性状符合A时,就查A后的B或BB项号;若不符合A时,则查相对应的AA,以此类推,直到查明具体的分类等级。

无论是哪一种检索表,在使用时都必须从第1条开始查起,绝不能从中间插入,以避免误人歧途。另外,由于检索表受文字篇幅限制,其中只列少数几个主要特征,还有很多特征不能包括,所以在进行种类鉴定时,不能完全依赖于检索表,必要时须查阅有关分类专著与文献中的全面特征描述。

(三)简单二歧检索表的编制

1. 检索表编写的基本思路

二歧检索表的编制是用对比分析和归纳的方法,从不同阶元(目、科、属或种)的特征中选出比较重要、突出、明显而稳定的特征,根据它们之间的相互绝对性状,作成简短的条文,按一定的格式排列而成。最后到检索出某一等级的名称时,应写出具体名称(科名、属名和种名)。在名称之前与文字描述之间要用“……”连接。

(1)平行式检索表:将成对特征紧邻排列,并标示为相同的序号,每一种特征之后指向下一对特征的序号;不同序号的特征之间并不缩进。这种检索表将成对特征相邻排列,但同一特征群的生物相互分隔。

(2)连续平行式检索表:将成对特征分列在检索表的不同位置,将具有相同特征的生物群在空间上临近排列,依照排列顺序为特征编号,每对特征会有两个不同的编号,需用括号标明。

(3)定居式检索表:一般仅在包含种类数较少时应用,且具有层次清晰的优点,但在种类数较多的情况下不宜应用。在编排时每两个相对应的分支的开头,都编在离左端同等距离的地方,每一个分支的下面,相对应的两个分支的开头,比原分支向右移一个字格,这是最常用的检索表,每一对特征写在左边一定的距离处,前有号码如 A,B……,与之相对立的特征写在同一距离处,如此下去每行字数减少,距离越来越短,直到出现科、属或种。

2. 检索表编写的注意事项

(1)科学性:检索表应首先注意科学性和准确性,应选取较为明显、较为稳定的特征,最好是选用手持放大镜能观察到的特征。

(2)平行性:相同的条目码最好只有一对。平行式检索表相同的对应号码只有一对,在等距式检索表中最好也只用一对。

(3)对立性和完整性:所选取的相对特征最好具有对立性,前后相对才整齐;如“前翅革质”与“前翅膜质”,“咀嚼式口器”与“刺吸式口器”等等。并注意选择一些相关性的特征,如“翅 2 对”与“翅 1 对,后翅退化为平衡棒”。

(4)顺序性和逻辑性:特征的描述按一般形态描述的次序,从外到内,从外部形态结构到解剖结构或显微、生理生化特征。

(5)“特征集要”：一个较好的检索表，最好能编成该类生物的“特征集要”，即不但要反映各类群的区别特征，而且也能从检索表中反应出该类生物的主要特征。

(6)简明性和实用性：既要反映生物的主要特征，又要简明扼要，相对条目中的相同特征可不必列出。

第三节　野外实习的组织和管理

为了保证野外实习的顺利进行，达到预期的效果，必须做好组织工作，严明实习纪律和规则。

一、组织形式

应组成临时实习组织，根据指导教师人数，将学生分成若干个由10～15人组成的小组，由有经验和威望的教师或院系领导任总领队，设副领队1～2名，由指导教师兼任，负责实习期间的全面领导。下设业务组和后勤组等，各组在领队的统一领导下开展工作，各司其责。

领导组：由领队1名、副领队1～2名、女生指导1名组成。领队由有威望的教师和院系领导担任，负责实习的组织、策划，是实习期间的第一责任人；副领队由业务指导教师兼任，具体负责实习各环节的落实，是实习期间的主要责任人；女生指导可以由业务指导教师兼任，也可以由政治辅导员担任，负责呵护女生在实习期间的生活和安全，以保证实习的顺利进行。

业务组：由动物教研组的教师组成。负责实习日程和实习路线的安排调配，指导学生实习专业知识(包括安全防护)、组织实习期间的讨论、评定学生的实习成绩和负责学生实习总结的撰写。

后勤组：由辅导员老师、实验技术员和学生干部组成。辅导员老师负责实习经费的领取和管理、实习小组的分配、实习指导的发放、实习地学生食宿和实习期间交通车辆安排等；实验技术员负责实习工具的准备，实习仪器、药品的保管和供应工作；学生干部除辅助辅导员老师完成任务外，还应负责组织开展实习期间必要的文娱、体育活动，让学生做到劳逸结合。

二、实习纪律

(1)加强组织性和纪律性，服从领队的统一领导；学生干部必须发挥带头示范作用。

(2)落实“安全第一”的意识。不在公路边打闹追逐，不得私自下河游泳，否则会被酌情扣除甚至取消实习成绩。

(3)尊重当地人民生活习惯和风俗，虚心向群众学习，搞好群众关系，爱护实习地区的一草一木。

(4)认真完成实习规定的学习和工作内容，根据要求严格地做好实习笔记及工作记录。

(5)厉行节约，尽量节水节电；爱护仪器，注意保管保养，严防丢失损坏。

(6)发扬集体主义精神，团结互助，取长补短，保证实习任务的完成。

三、实习注意事项

(1)在很多情况下，野外实习的效果决定于参加者的举动、秩序、注意力和警觉性。谈笑风生，争先恐后都会惊走动物，影响观察。

(2)尽量穿灰、蓝或草绿色等服装，不要穿颜色太鲜艳或易被动物发现的衣服，特别是红、白等色，以免影响观察。

(3)观察时，教师走在前面；行进时要保持队形密集；要求动作迅速，保持肃静。

(4)发现鸟巢或其他数量有限的动物应加以保护，以便其他组的同学也有机会进行观察。

(5)在草原、荒漠、半荒漠或林区实习，沿途要注意做好标记，以免迷失方向，绝对禁止个人单独行动。

(6)标本要在实习的当日进行测量和处理。

第四节 野外实习中的安全防护

一、防雷击

野外实习中（一般都在暑假前或暑假中进行），会经常遇到雷阵雨的袭击。在野外，师生不应在高处或孤树下避雨等，以免雷击。

二、防蛇咬

进入山林采集时，师生必须戴上草帽（不能以太阳帽代替），以防竹叶青等毒蛇袭击；并人手一竿，击石惊蛇或打草惊蛇以防蛇咬。一旦被咬首先应弄清是毒蛇还是无毒蛇，从牙痕上可以分辩（图 1–1–A）。如被毒蛇咬伤应立即排毒（用手挤出毒液，用水冲洗伤处），用手帕、布条或野藤等早期结扎伤口上部（图 1–1–B），按说明书服用蛇药后再送医院治疗。

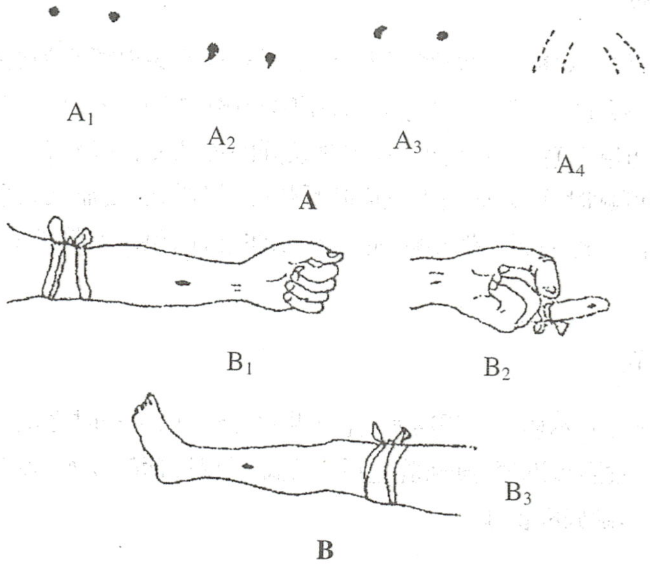

图 1–1 蛇咬牙痕和包扎部位

A. 蛇咬牙痕（A_1–A_3：毒蛇的三种牙痕，A_4：无毒蛇牙痕）

B. 蛇咬伤包扎部位（黑点示被咬伤口）

三、防溺水

野外工作中，师生人人都是汗流浃背，想跳入溪涧一洗为快。但因不知野外溪涧水的深浅而有可能发生溺水的危险，尤其山区水温低，最易引起抽筋被溺。所以必须严格规定不得私自下河游泳，擦洗均需回到实习住地或驻地附近的浅水水域进行。

四、防蜂蜇虫叮

不可无组织地捅捣马蜂窝，也不可直接用手抓蜂类昆虫。如被蜂、蚁、蜈、蝎咬伤，取蛇药一片捣烂，调水成糊状后贴敷伤处，并多饮水排毒。如有蚂蝗叮咬，不可强拉，只须往蚂蝗身上滴上酒精，就能使其自行脱落；或用手拍打被叮的周围皮肤，也能让蚂蝗脱落，并用棉花或干净手帕压揉出血点，即可止血。

五、防摔伤

野外采集、观察应注意脚下安全，不可只顾抬头观察或为追捕一只飞蝶而全然不顾脚下，更不可贸然行事攀爬悬崖或树丫。若有跌碰刺裂的伤口，用“创可贴”直接贴在伤处，并拉紧裂开的皮肤使伤口对合。在山林野外未带创可贴时，可采摘楹木花或叶嚼烂（或捣烂）敷出血处，有较好的止血消炎功能。即使属小伤小痛，也应予以注意，以免影响野外实习的顺利进行。

六、防感冒

野外归来，不要马上用冷水（尤其井水）浇头以图一时之快。若遇雷阵雨的袭击，衣服被淋湿，赶回驻地后应立即服用红糖鲜姜水，以驱寒暖体，教师应及早做好准备，防止感冒。

第二章 浮游动物

第一节 浮游动物简介

浮游动物的种类组成极为复杂，包括无脊椎动物的大部分门类——从最低等的原生动物到较高等的尾索动物，差不多每一类都有永久性浮游动物代表。同时，还包括许多无脊椎动物(特别是底栖动物)的幼虫，致使浮游动物的种类组成更加复杂化。在养殖业和生态系统结构、功能和生物生产力的研究中占有重要地位的一般有原生动物、轮虫、枝角类、桡足类四大类。

一、原生动物

原生动物为单细胞的微型动物，最小的不过2~3μm，最大的5mm，一般多在30~300μm之间。有些种类形成群体，但除了某些生殖个体外，群体中所有的单个虫体都是独立生活的，并且在形态和功能上都是相同的。原生动物虽没有后生动物的器官，但是它们的细胞质分化形成能执行各种功能的细胞器。细胞器的形状和机能各有不同。如用以运动的胞器有各种鞭毛、伪足、纤毛；用以营养的胞器有胞口、胞咽和食物泡；用以排泄废物或调节渗透压的胞器有伸缩泡等。

原生动物体表具细胞膜。有些种类，如变形虫等，只有一层很薄的原生质膜，不能使身体保持固定的形状，这种情况称细胞裸露；多数种类的细胞质表面有表膜，使身体保持一定的形状。有些种类，如板壳虫等的表膜进一步分化成一块块的骨板；有些种类的体表形成坚固的外壳、披甲、骨针等；有些种类如砂壳虫的壳上还粘合外物(砂粒、藻壳等)。

原生动物由于体形小，其孢囊又能抵抗干燥，所以极易为鸟类、昆虫和其他动物所携带以及受风的作用而到处传播；又由于生活周期很短，即使在仅存留几天的雨后积水坑塘、水洼等间歇性水体中也能繁殖后代。所以几乎有水的地方就有原生动物存在。因此，许多种类的原生动物分布是世界性的。

二、轮　虫

轮虫(Rotifera)是一类小型多细胞动物，虽然有的轮虫可长达 3mm，但一般在 100 ~ 500μm 之间，只有在显微镜下方能观察到，所以轮虫是最小的后生动物。轮虫在形态上最主要的特征有三点：第一，身体前端或靠近前端存在着一个有纤毛的特殊区域，叫做头冠。头冠上的纤毛经常摆动，形如毯轮，故名轮虫。第二，在口腔或口管下面的咽喉部分，有一个膨大的咀嚼囊。囊内有很发达的肌肉，并有一套由砧板和槌板组成的咀嚼器。第三，排泄系统为一对盘曲、纵长的原肾管(图 2-1，2-2)。

轮虫形态各异，有圆柱形、囊形或钟形，侧扁或背腹扁平。有的种类有厚被甲，并有各种不同的装饰；而有的种类有角质膜。轮虫一般可分头、躯干和足(或尾)几个部分。

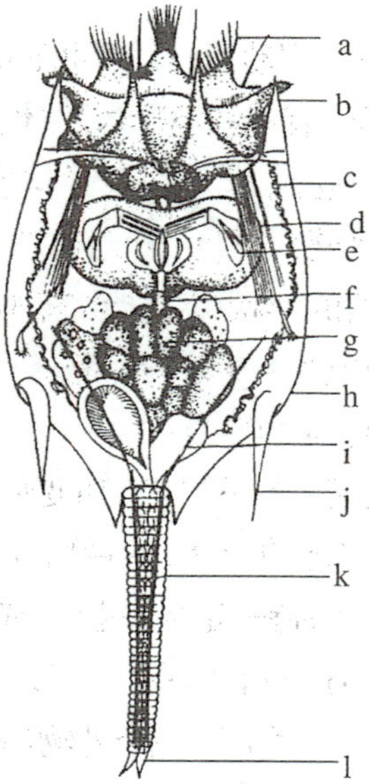

图 2-1　轮虫雌体模式图

a. 头冠纤毛；b. 前棘刺；c. 原肾管；d. 肌肉；e. 咀嚼器；f. 食道；g. 胃；h. 被甲；i. 伸缩泡；j. 后棘刺；k. 足；l. 趾

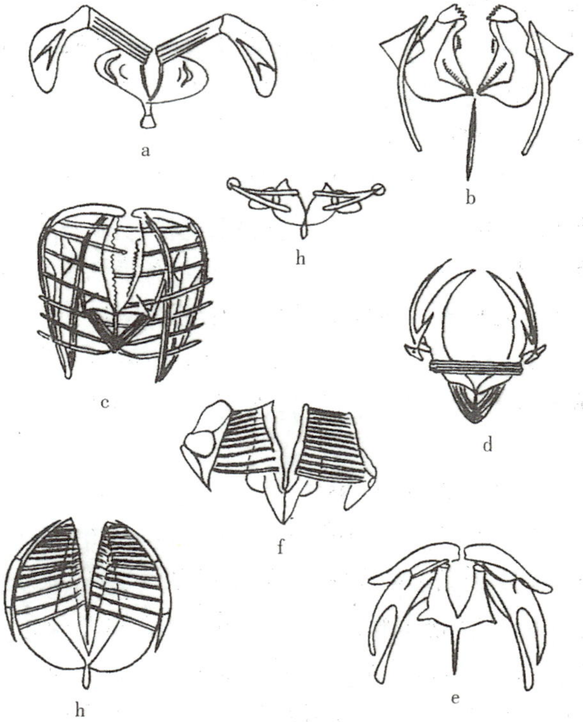

图 2-2 轮虫的咀嚼器

a. 槌型;b. 杖型;c. 钳型;d. 砧型;e. 梳型;f. 槌枝型;g. 枝型;h. 钩型

大多数浮游性轮虫是世界性种类,在地球的广泛区域内都可见到。这些种类又往往具有高度的适应性,在各种类型的水域中都能生存。水温和水的氢离子浓度(pH)是影响轮虫分布的主要生态因子。根据在不同温度下出现的种类,轮虫可分为冷水性种类、广温性种类和暖水性种类。在大部分水体中广温性种类占优势。根据 pH 的不同,轮虫亦可分为碱水性种类、兼性种类和酸水性种类。一般规律是酸性水体中种类多,数量少;而碱性水体中则数量多,种类少。随着水体富营养化程度的增加,水的 pH 值上升导致轮虫种类减少而数量增多。因此,轮虫可指示水体的营养状况。

三、枝角类

枝角类隶属于节肢动物门、甲壳动物纲、鳃足亚纲、双甲目。枝角类通称溞，俗称红虫，是一类小型甲壳动物，一般体长为 0.20 ~ 3.00mm。身体左右侧偏，分节不明显，1 块由两片合成的甲壳包被于躯干部的两侧。头部有显著的黑色复眼，四周围有许多水晶体。第 2 触角十分发达，枝角状，为运动的主要器官，身体末端有 1 对尾爪。

头部为身体的最前 1 节，侧面观呈半圆形，稍向下方弯曲，有时有颈沟。头型因种而异。头部在复眼之前的部分，特称为额。额向下方延伸，形成鸟喙状突起，叫做吻。吻的有无、形状、大小是分类的重要依据之一。头顶一般呈圆弧形，但有些种类头顶突起或形成一小角，如平突船卵溞；或高耸如钢盔，名为头盔。头部左右两侧，在第 2 触角基部各有 1 或 2 条由头甲增厚形成的隆线，称为壳弧。它伸展到第 2 触角基部，其形状因不同种类而异。

第 1 触角位于吻的两侧，虽不甚发达，但性征却十分明显。雌溞的第 1 触角较小，基部与头部愈合，不能活动；雄溞较大，可以活动，末端往往有 1 根长刚毛。第 2 触角也称大触角，强大有力，一般为双肢型，由原肢生出外肢（背肢、上肢）与内肢（腹肢、下肢）。外肢与内肢节数较多，并有许多游泳刚毛，内外肢的节数以及游泳刚毛的多少与排列各属不同，通常以一定的序式表示，这种序式称做游泳刚毛式。如溞属的游泳刚毛式为（0–0–1–3）/（1–1–3），意即外肢有 4 节，第 1、第 2 节均无刚毛，第 3 节有 1 根刚毛，第 4 节有 3 根游泳刚毛；内肢有 3 节，第 1、第 2 节各 1 根，第 3 节 3 根。游泳刚毛的多少，显然还因科而不同。薄皮溞科多达 64 根，仙达溞科近 20 根。其余各科不超过 10 根。

躯干部由胸部与腹部合成。胸部有附肢，腹部无附肢。腹部背侧有 1 ~ 4 个指状突起，称为腹突或称为后体部突起。在腹突之后还有小节突，上着生 1 对司感觉的羽状刚毛，称为尾刚毛。腹部自着生尾毛的小节突起直到末端为止，这一部分称为后腹部。后腹部有 1 对尾爪。尾爪弯曲，在其凹面上常有棘刺。其中较大的 1、2 个棘刺，位于尾爪基部，称为爪刺或基刺；而其余许多较小的棘刺则排列成 1 行，合称附栉或栉刺。除爪刺和附栉外，有些种类的尾爪上还有更小的棘刺或刚毛。靠近尾爪基部，后腹部背缘或左右两侧常有 1 ~ 2 行单独分布或成簇排列的小刺，称为肛刺。

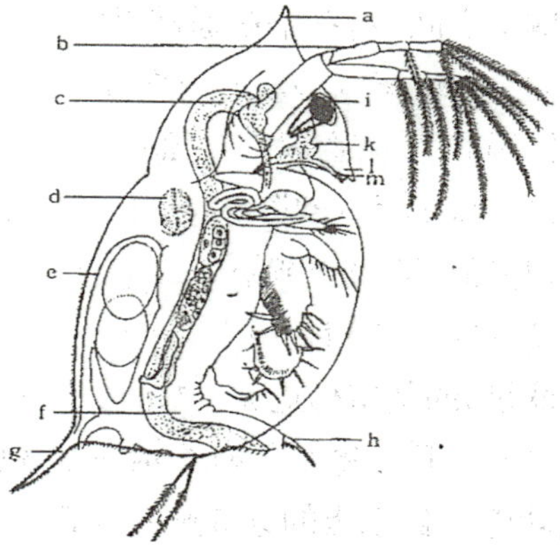

图 2-3 枝角类雌体模式图

a. 头盔；b. 第 2 触角；c. 肠；d. 心脏；e. 孵育囊；f. 后腹部；
g. 壳刺；h. 尾爪；i. 复眼；k. 单眼；l. 吻；m. 第 1 触角

大多数枝角类是广温性种类，一般喜欢较高的温度。在 pH 值6.5～8.5 之间均可生活，但对碱性水体更能适应。枝角类绝大多数生活在淡水中；海洋里虽然也有，但种类稀少，数量不多。淡水枝角类主要栖息于湖泊中，尤其在水草丰富的沿岸带种类特别丰富。在敞水区，虽种类不如沿岸带丰富，但数量却往往很多。枝角类常见的种类并不多，但数量很大，是鱼类的重要饵料，特别在草、青、鲢、鳙鱼苗放养的中后期和鱼种培育阶段，是最重要的天然饵料。但在鱼苗下塘初期，枝角类的大量繁殖则害多利少，必须加以控制。

四、桡足类

这是一类小型甲壳动物，体长在 0.30～3.00mm 之间，一般小于 2mm。身体窄长，体节分明，一般由 16 或 17 个体节组成，但是由于若干体节相互愈合，实际上体节数目不超过 11 个。第 1 节最大，称头部，头部有 1 眼点和 2 对触角与 3 对口器。头部与第 1 胸节愈合，故称之为头胸部。头胸部以后的 5 节也称带足节，各带 1 对游泳足，合称为胸部。此后的 5 节组成腹部，没有附肢，只有第 1 节（或称生殖节）可能例外。腹部后端是 2 个尾叉。就整体来说，有 1 个活动程度较大的活动关节，十分显著。这一活动关节，在哲水蚤中，位于第 5 胸节与生殖节之间；在猛水蚤与剑水蚤中，位于第 4 与第 5 胸足之间。有些书中通常以此关节把桡足类的身体分成前体部（metasome）与后体部（urosome）两部分。

桡足类除尾叉外，尚有 11 对附肢。头部有 6 对，即第 1 触角、第 2 触大颚、第 1 小颚及颚足。胸部有 5 对附肢，都是游泳足。除第 1 触角、第 2 小颚及颚足外，都是双叉的，即由两节组成的基肢上生出内肢及外肢。第 5 胸足变化很大，有重要的分类价值。较为低等的胸刺水蚤科雌体第 5 胸足与前 4 对胸足（游泳足）的基本构造完全相同，为游泳型。雄性第 5 胸足亦近于游泳型，但左右不对称。镖水蚤科的雄性第 5 胸足特化，左右不对称，具有辅助交配的功能。剑水蚤的第 5 胸足大都有许多退化，一般由 2 节组成，通常基节上着生 1 根外刚毛，末节上着生若干刚毛。

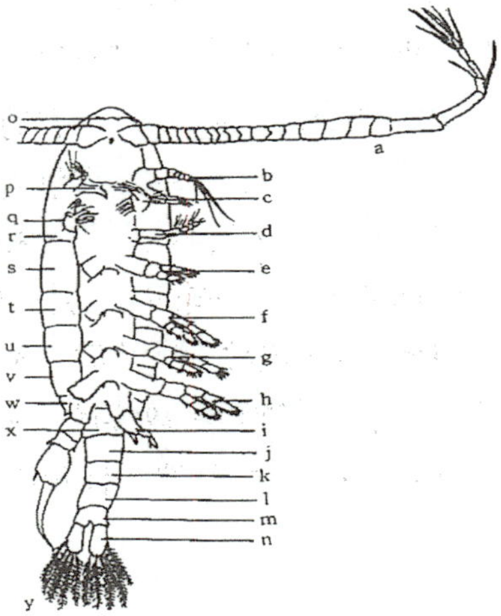

图 2–4 哲水蚤雄体模式图（腹面观）

a. 第 1 触角；b. 第 2 触角；c. 第 1 小颚；d. 颚足；c. 第 1 胸足；f. 第 2 胸足；g. 第 3 胸足；h. 第 4 胸足；i. 第 5 胸足；j. 第 2 腹节；k. 第 3 腹节；l. 第 4 腹节；m. 第 5 腹节；n. 尾叉；o. 额角；p. 大颚；q. 第 2 小颚；r. 头节；s. 第 1 胸节；t. 第 2 胸节；u. 第 3 胸节；v. 第 4 胸节；w. 第 5 胸节；x. 生殖节；y. 尾刚毛

桡足类中哲水蚤目和剑水蚤目都是以浮游生活为主且游泳速度较快。哲水蚤目中的许多种类是滤食性的，其食物为细菌、碎屑、单细胞藻类等，食物颗粒的大小范围为 1～35 μm。通常大型种类可滤食较大的食物。剑水蚤以捕食为主，有时会危害鱼苗，但有时也吃藻类、细菌和碎屑。

桡足类对温度比较敏感，因此其地理分布特征较其他浮游动物显著，但常见种类是广温性的。在已知的种类中，在我国分布较广的种类有：汤匙华哲水蚤、指状许水蚤、球状许水蚤、特异荡镖水蚤、锥肢蒙镖水蚤、大型中镖水蚤、右突新镖水蚤、白色大剑水蚤、锯缘真剑水蚤、近邻剑水蚤、广布中剑水蚤等。

桡足类生活于各种不同类型的水域内，象水库、湖泊，池塘、河流均有它们的踪迹。一般说来哲水蚤营浮游生活，通常生活于湖泊的敞水带、河口及池塘中；猛水蚤营底栖生活，它们主要栖息于除敞水带以外的各类水域中，生态环境多种多样；剑水蚤介乎上述两大类之间，有的生活于水底，有的种类生活于湖泊的敞水带。

第二节 浮游动物标本的采集和保存

各类群浮游动物标本的采集常用 2.5 或 5L 采水器，根据需要由水体特定部位或深度采水，采得的水装入塑料壶中，然后加入福尔马林溶液固定（原生动物最好用鲁哥氏液固定）。回住地后，将塑料壶中的水充分混匀后，倒入玻璃沉淀器中沉淀 24h 之后，用虹吸管吸去上清液，留下的沉淀放入标本瓶内，用玻璃吸管吸取沉淀物置于载波片上，于显微镜下观察、分类。此方法特别适合定量调查。

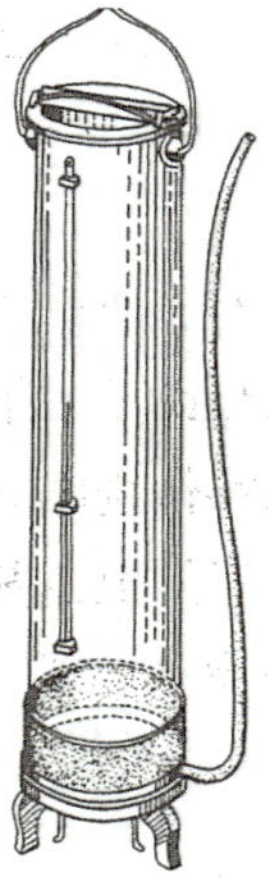

图 2–5 有机玻璃采水器

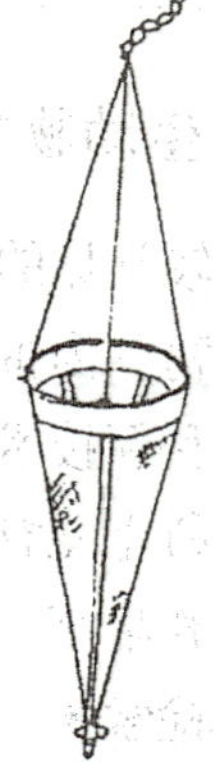

图 2–6 浮游生物网

各类群浮游动物标本的采集也可用25号浮游生物网(原生动物标本的采集最好用孔径小于30μm的浮游生物网,而枝角类和桡足类标本的采集可用16号浮游生物网)在水体中作大范围拖拉后,将滤得的浮游生物放入标本瓶中加入福尔马林溶液固定(原生动物最好用鲁哥氏液固定),另一部分活体带回住地进行分类观察。

第三节 浮游动物标本的分类检索

一、浮游动物各类群的分类检索

浮游动物各类群分类检索表

1. 身体由单个细胞构成,若为单细胞群体则无细胞分化 ………………………………………………………………………… 原生动物(Protozoa)

   多细胞动物 ……………………………………………………………… 2
2. 头部具有纤毛环,咽部具有咀嚼器,体表不具有分节的附肢 ……………………………………………………………… 轮虫(Rotifera)

   身体两侧具有分节的附肢 ……………………………………………… 3
3. 身体分节不明显,第2触角十分发达,呈枝角状 … 枝角类(Cladocera)

   身体分节明显,体节一般不超过11节,第2触角不发达 ………………………………………………………………………… 桡足类(Copepoda)

二、淡水原生动物常见类群的分类检索

淡水中较常见的浮游性原生动物约200种左右。经典的分类学家一般把原生动物分为鞭毛虫纲、肉足虫纲、孢子虫纲和纤毛虫纲。随着发现种类的增加和新技术的应用,分类学家对原生动物传统的分类进行了修正。限于本科生无脊椎动物学野外实习时间等方面的限制和原生动物分类的复杂性和难度,在此仅提供原生动物门分纲检索表和7个纲中常见动物的分类检索表。

原生动物门分纲检索表

1(8) 营养期间以伪足或鞭毛为行动工具 ………………………………………………………………… 肉鞭亚门(Satcomastingophora)
2(5) 营养期间以鞭毛为行动工具 …………… 鞭毛总纲(Mastigopora)
3(4) 有绿的色素体,但也有无色的 …… 植鞭纲(Phytomastigophorea)
4(3) 没有绿的色素体,无例外 ……………… 动鞭纲(Zoomastigophora)
5(2) 营养期间以伪足为行动工具 ……………… 肉足总纲(Sarcodina)
6(7) 伪足叶状、指状或丝状,无轴丝 …………… 根足纲(Rhizopodea)
7(6) 伪足呈辐射形,有轴丝 ……………………… 辐足纲(Actinopodea)
8(1) 营养期间以纤毛为行动工具 ……………… 纤毛亚门(Cilophorea)
9(10) 胞口位于前端或亚前端,无口旁纤毛膜 ………………………………………………………… 动基片纲(Kinetofragminophora)
10(9) 胞口位于腹面,有口旁纤毛膜。
11(12) 小膜口缘区是向左(反时针)旋转的 ………………………………………………………… 寡膜纲(Oligohymenophora)
12(11) 小膜口缘区是向右(顺时针)旋转的 ………………………………………… 多膜纲(Polyhymenophora)

(一)植鞭纲(Phytomastigophorea)分类检索

植鞭纲系植物性鞭毛虫。其中也有无色的,它们虽没有绿的色素体,但至少具有一项为植鞭毛虫所专有的结构,如坚硬的表膜和副淀粉粒等贮藏物质。同时,它们也会进行动物性营养。

植鞭纲分类检索表

1(6) 体形较小,个体本身不超过20μm ………………………………… 金滴目(Chrysomonadida)——柔滴科(Ochromonidae)
2(5) 只有1根较长的鞭毛 ……………………… 屋滴虫属(*Oikomonas*)
3(4) 形成群体,个体后端都尖削 ……………………………………………………… 聚屋滴虫(*Oikomonas socialis*)(图2-7-1)

4(3) 个体单独生存,后端不尖削 ……………………………………………………… 气球屋滴虫(*Oikomonas termo*)(图 2-7-2)

5(2) 有 2 根鞭毛,一长一短 ……………………………………………………… 滴虫属(*Monas*)——变形滴虫(*Monas amoebina*)(图 2-7-3)

6(1) 体形较大,个体本身皆超过 20μm …………… 眼虫目(Euglenida)

7(12) 身体多少呈纺锤形,表膜上满具螺旋状条纹 ……………………………………………………… 眼虫亚目(Euglenina)

8(11) 有绿的色素体 ……………………………………… 眼虫属(*Euglena*)

9(10) 比较宽阔的纺锤形;色素体呈扁带形 ……………………………………………………… 绿眼虫(*Euglena viridis*)(图 2-7-4)

10(9) 细长针状的纺锤形;色素体是小的圆盘形 ……………………………………………………… 针眼虫(*Euglena acus*)(图 2-7-5)

11(8) 没有绿的色素体 ……………………………………………………… 漂眼虫属(*Astasia*)——尾漂眼虫(*Astasia klebsi*)(图 2-7-6)

12(7) 身体不象纺锤形,表膜上无螺旋状条纹。

13(14) 身体变动大,无一定形状;鞭毛 2 根,长的一根笔直指向前方. ……………………………………… 袋鞭亚目(Peranematina)——粗袋鞭虫(*Peranema trichophorum*)(图 2-7-7)

14(13) 身体极少变动,有一定形状;鞭毛 1 根或 2 根 ……………………………………………………… 沟滴亚目(Petalomonadina)

15(18) 鞭毛只有 1 根,指向前方。

16(17) 扁平的腹面有 1 个或 2 个纵向凹沟 ……………………………………………………… 中纵沟滴虫(*Petalomonas mediocanellata*)(图 2-7-8)

17(16) 扁平的腹面没有凹沟 ……………………………………………………… 压缩盾滴虫(*Thylacomonas compressa*)(图 2-7-9)

18(15) 鞭毛 2 根,长的一根拖在身体后面。

19(22) 胞咽长而发达,腹面沟痕直而不弯。

20(21) 细胞核位于中部,沟痕不只 1 条 ……………………………………………………… 沟内管虫(*Entosiphon sulcatum*)(图 2-7-10)

21(20) 细胞核位于后半部,沟痕只有 1 条 ……………………………………

………………… 葡萄异鞭虫(*Anisonema acinus*)(图 2-7-11)

22(19) 看不出有胞咽存在,腹面沟痕多少弯曲的

………………… 斜沟鞭虫(*Colponema loxodes*)(图 2-7-12)

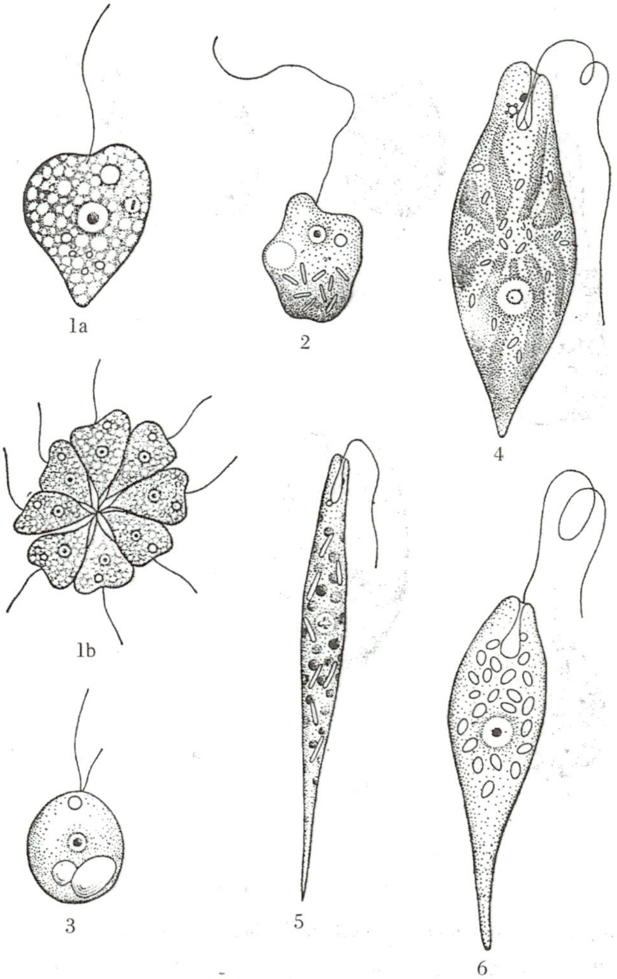

图 2-7A 植鞭纲常见种类(一)

1. 聚屋滴虫(*Oikomonas socialis* (a. 个体,b. 群体);2. 气球屋滴虫 *Oikomonas termo*;3. 变形滴虫 *Monas amoebina*;4. 绿眼虫 *Euglena viridis*;5. 针眼虫 *Euglena acus*;6. 尾漂眼虫 *Astasia klebsi*;

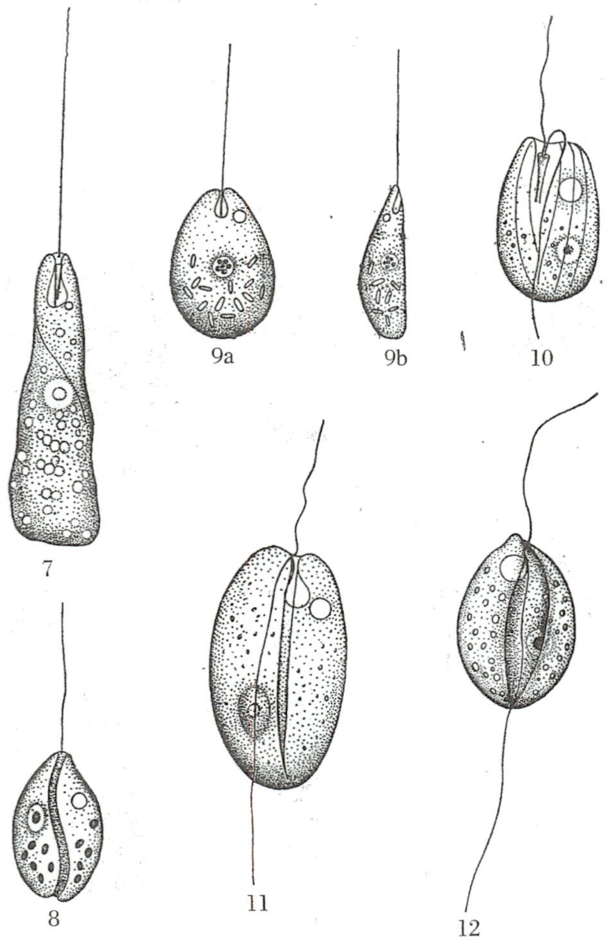

图 2-7B 植鞭纲常见种类(二)

7. 粗袋鞭虫 *Peranema trichophorum*;8. 中纵沟滴虫 *Petalomonas mediocanellata*;
9. 压缩盾滴虫 *Thylacomonas compressa*(a. 腹面观,b. 侧面观);10. 沟内管虫 *Entosiphon sulcatum*;11. 葡萄异鞭虫 *Anisonema acinus*;12. 斜沟鞭虫 *Colponema loxodes*

(二)动鞭纲(Zoomastigophora)分类检索

动鞭纲系动物性鞭毛虫。体内不仅无绿的色素体,而且也不具备坚硬的表膜和副淀粉粒等植鞭毛虫所特有的结构。

动鞭纲分类检索表

1(8) 两侧不均称,鞭毛 2 或 1 根 …………………… 波豆科(Bodinidae)

2(7) 鞭毛 2 根,前端没有吻状突出。

3(6) 鞭毛 2 根皆从身体前端伸出 …………………… 波豆虫属(*Bodo*)

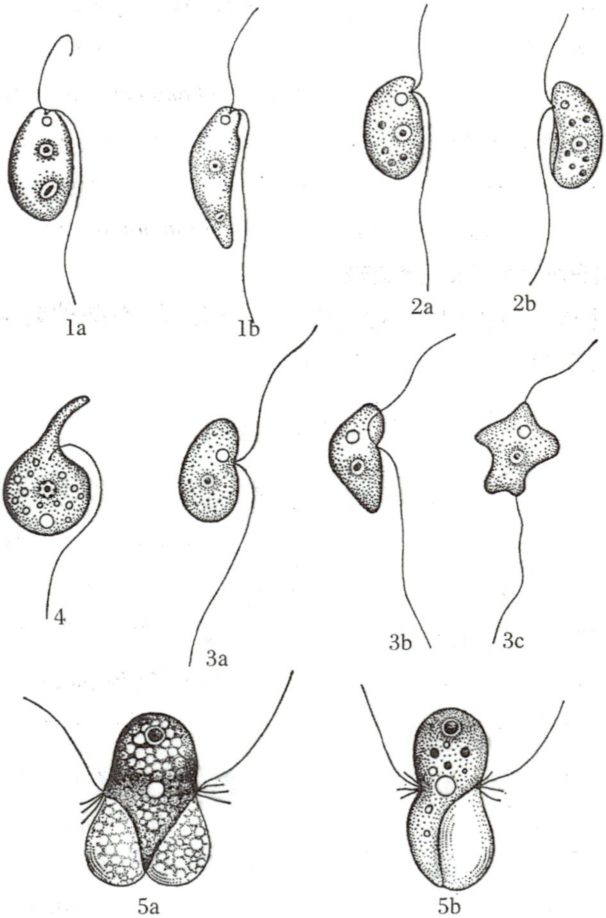

图 2-8 动鞭纲常见种类

1. 尾波豆虫 *Bodo caudatus*(a、b 显示不同形态);2. 梨波豆虫 *Bodo edax*(a、b 显示不同形态);
3. 跳侧滴虫 *Pleuromonas jaculans*(a、b、c 显示不同形态)4. 鼻吻滴虫 *Rhynchomonas nasuta*;
5. 活泼锥滴虫 *Trepomonas agilis*(a. 正面观,b. 侧面观)

4(5) 呈颠倒的梨形,后端或多或少尖削 ……………………………… 尾波豆虫(*Bodo caudatus*)(图 2-8-1)

5(4) 呈卵圆形,后端浑圆,前端少许弯转成一尖角 ……………………………… 梨波豆虫(*Bodo edax*)(图 2-8-2)

6(3) 鞭毛 2 根皆从身体侧面伸出 ……………………………… 跳侧滴虫(*Pleuromonas jaculans*)(图 2-8-3)

7(2) 鞭毛 1 根,前端有一长的吻状突出 ……………………………… 鼻吻滴虫(*Rhynchomonas nasuta*)(图 2-8-4)

8(1) 两侧均称;鞭毛 8 根,左右两侧各有一长三短 ……………………………… 六鞭科(Hexamitidae)

——活泼锥滴虫(*Trepomonas agilis*)(图 2-8-5)

(三)根足纲(Rhizopodea)分类检索

本纲的种类伪足呈叶状、指状或丝状,无轴丝。有些种类具外壳,壳有壳孔,伪足从中伸出。

根足纲分类检索表

1(24) 伪足叶状或指状,即使有分枝也不会交织在一起 ……………………………… 叶足亚纲(Lobosida)

2(5) 体裸而无壳 ……………………………… 变形目(Amoebina)

3(4) 体大,通常在 500μm 以上。细胞核很多,一般有 100 个左右 ……………………………… 多核变形虫属(*Pelomvxa*)(图 2-9-1)

4(3) 体有大有小,一般在 20~500μm 之间。细胞核通常 1 个,最多 2个 ……………………………… 变形虫属(*Amoeba*)(图 2-9-2)

5(2) 本体皆有壳围裹 ……………………………… 表壳目(Arcellinida)

6(7) 壳薄而柔软,口孔无一定形状 ……………………………… 螺足虫属(*Cochliopodium*)(图 2-9-3)

7(6) 壳坚硬,有一定的壳孔。

8(9) 背面观,壳呈表壳形 ……………… 表壳虫属(*Arcella*)(图 2-9-4)

9(8) 壳不为表壳形,系由胶质粘取外界砂粒或其他物质形成。

10(11) 壳由几丁质薄膜覆盖方形硅质薄片所组成 ………………

……………………………… 方壳虫属(*Quadrulella*)(图 2-9-5)

11(10) 壳系拾取外界砂壳或其他物质而成。

12(13) 壳末端孔口偏于一侧,壳周围常有棘刺生出 ………………

……………………………… 匣壳虫属(*Centropyxis*)(图 2-9-8)

13(12) 壳孔在末端中央。

14(15) 壳上有一明显且有一定长度的颈,颈下面又扩展成漏斗状 ……

……………………………… 葫芦虫属(*Cucurbitella*)(图 2-9-6)

15(14) 壳上无上述之颈。

16(17) 壳系半球形的帽状,壳孔大,圆形 ………………………

……………………………… 珐帽虫属(*Phryganella*)(图 2-9-7)

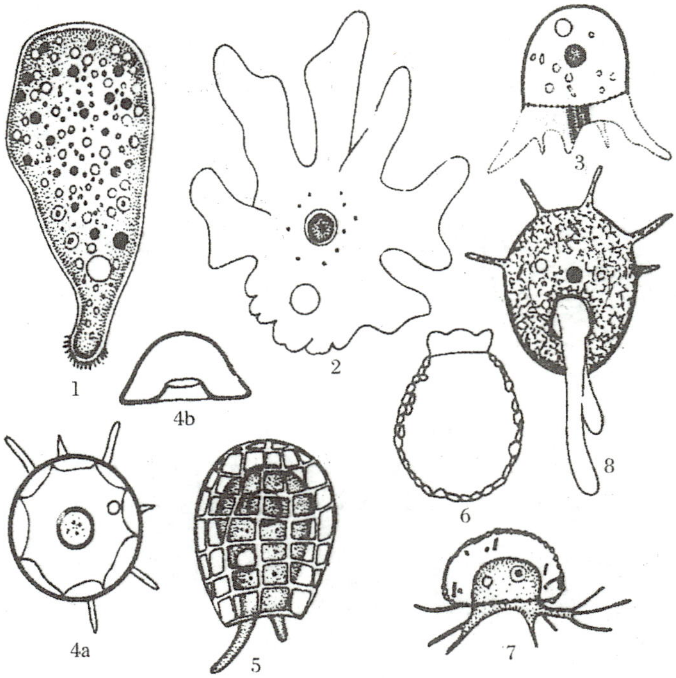

图 2-9 根足纲常见种类

1. 纤毛多核变形虫 *P. villosa* 2. 无恒变形虫 *A. dubia*;3. 透明螺足虫 *C. bilimbosurn*;
4. 普通表壳虫 *A. vulgaris* (a. 顶面观,b. 侧面观);5. 球形方壳虫 *Q. globulosa*;
6. 葫芦虫 *Cucurbitella*;7. 半球珐帽虫*P. hemisphaerica*;8. 针棘匣壳虫 *C. aculeata*

17(16) 壳形多样,壳孔较小,不一定是圆的 ……… 砂壳虫属(*Difflugua*)
18(19) 壳系长圆形,顶端浑圆 ……………………………………………
……………………… 长圆砂壳虫(*D.oblonga*)(图 2-10-1)
19(18) 壳系圆桶形,顶端尖削 ……………………………………………
……………………… 尖顶砂壳虫(*D.acuminata*)(图 2-10-2)
20(21) 壳系冠冕形,顶端周围生出角状突出物 5~7 个 ………………
………………………… 冠砂壳虫(*O.corona*)(图 2-10-3)
21(20) 壳不为冠冕形,亦无角状突出物。
22(23) 壳口边缘向外翻转 ……… 瓶砂壳虫(*D.urceolata*)(图 2-10-4)
23(22) 壳口叶形,边缘不向外翻转 ……………………………………
……………………… 湖沼砂壳虫(*D.limnetica*)(图 2-10-5)

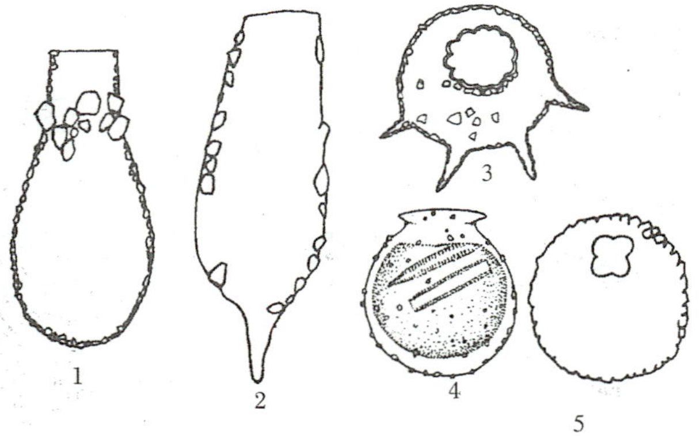

图 2-10 砂壳虫属常见种

1. 长圆砂壳虫 *D. oblonga*;2. 尖顶砂壳虫 *D. acuminata*;3. 冠砂壳虫 *D. corona*;4. 瓶砂壳虫 *D. urceolata*;5. 湖沼砂壳虫 *D. limnetica*

24(1) 伪足丝状或线状,前端尖削并分枝,很少互相并合 ……………
……………………………………………… 丝足亚纲(Filosia)
25(26) 无壳。
26(25) 有壳 ……………………………… 有壳丝足目(Testaceafilosa)
27(34) 壳系硅质板镶合排列而成,很透明,无外物渗杂。
28(33) 体较大,硅质板明显,壳孔位于末端中央。
29(30) 硅板很小,规则地排列在壳膜上,壳形扭曲似曲颈瓶 …………

………………………… 曲颈虫属(*Cyphoderia*)(图 2-11-1)
30(29) 硅板较大,系镶嵌一起的,壳不扭曲。
31(32) 壳未有短颈 …………… 楔颈虫属(*Sphenoderia*)(图 2-11-2)
32(31) 壳末无短颈 …………………… 鳞壳虫(*Euglypha*)(图 2-11-3)
33(28) 体形很小,硅质板不明显,壳孔在末端偏于一侧 ……………
………………………… 三足虫属(*Trinema*)(图 2-11-4)
34(27) 壳由外界砂粒形成,很不透明,无硅质板片 ………………
…………………… 拟砂壳虫属(*Pseudodifflugia*)(图 2-11-5)

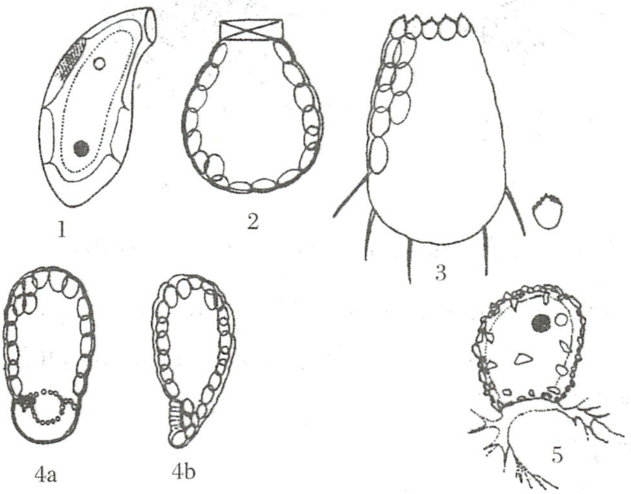

图 2-11 有壳丝足常见种类

1. 曲颈虫 *Cyphoderia*;2. 小扁楔颈虫 *S. lenta*;3. 有棘鳞壳虫*E. acanthophora*;
4. 斜口三足虫 *T. enchelys* (a. 腹面观;b. 侧面观);5. 美拟砂壳虫 *P. gracilis*

(四)辐足纲(Actinopodea)分类检索

生物体呈圆球形,伪足辐射伸出,分轴足、丝足或网足型。体赤裸或有壳,壳有膜状的、几丁质的和硅质的。

辐足纲太阳虫类分属检索表

1(4) 身体赤裸。除了形成孢囊外,身体没有厚的外包,轴丝从中央伸出。

2(3) 细胞质中只有 1 个中央核。轴足由细胞核处伸出 ……………… ……………………………… 太阳虫属(*Actinophrys*)(图 2-12-1)

3(2) 细胞质中有许多分散的核。轴足自内外质之间伸出 …………… ……………………… 光球虫属(*Actinosphaerium*)(图 2-12-2)

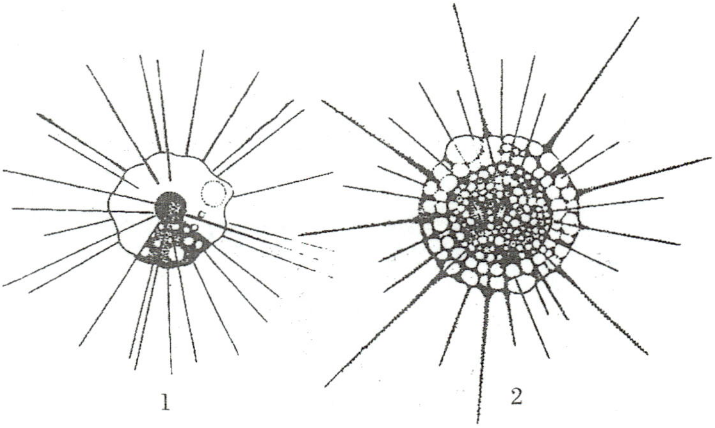

图 2-12 放射太阳虫 *A. sol*(1)和轴丝光球虫 *A. eichhorni*(2)

4(1) 身体外有胶质外包围裹,没有骨片 ……………………………… ……………………………… 星盘虫属(*Astrodisculus*)(图 2-13-1)

5(6) 身体包裹不如上述。

6(5) 身体有坚固成分的外包围裹。

7(10) 外包有原生质厚层组成。

8(9) 外包内埋有许多几丁质的针刺,从伪足之间放射而出 ………… ……………………………… 异胞虫属(*Heterophrys*)(图 2-11-2)

9(8) 外包内埋有各种形状的、硅质的鳞片,这些鳞片常分布到伪足的表面 ………………………… 刺日虫属(*Raphidiophrys*)(图 2-13-3)

10(7) 外包是硅质成分,没有或稍有一点原生质。

11(12) 外包有正切排列的鳞片和放射排列的针刺 ………………… ………………………… 刺胞虫属(*Acanthocystis*)(图 2-13-4)

12(11) 外包有无色小球排成规则的同心层 ……………………………… ……………………… 泡套虫属(*Pompholyxophrys*)(图 2-13-5)

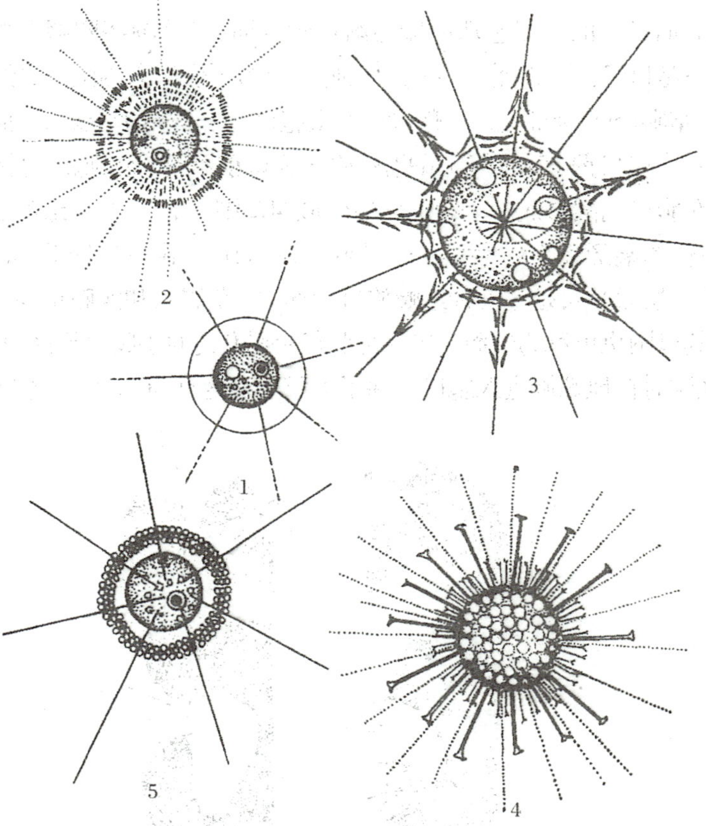

图 2-13 辐足纲几个属的常见种

1. 放射星盘虫 *A. radians*；2. 辐射异胞虫 *H. radiata*；3. 苍白刺日虫 *R. pallida*；4. 叉棘刺胞虫 *A. chactophora*；5. 微红泡套虫 *P. punicea*

(五)动基片纲(Kinetofragminophora)分类检索

本纲和寡膜纲、多膜纲同属纤毛亚门。纤毛亚门动物分类中，口的位置和构造等特征非常重要。纤毛虫的口一般在腹面（有些则在侧面或顶端)，故凡与口相对的一面即为虫体的背面。以口位于腹面的虫体为例，若将口部移到视野的前方，并从腹面(即有口的一面)观察时，则虫体的左面正是视野的右方，虫体的右面正是视野的左方。

最原始的口在前端中央并直接在体表开口，称为胞口(cytostome)。随着生物的进化，口的构造也逐渐向三方面复杂化了。一是胞口陷入并形成口围，而且口的位置也从前端逐渐移到腹面；二是围绕胞咽有杆状支持胞器；三是口缘区的纤毛器分化。在胞口处的原生质向内陷入，象“喉”一样，称为胞咽(cytophalynx)。有的纤毛虫胞口不在前端中央表面，而微微沉入体内，在胞口前有一不大的凹陷，称之为口前庭。如果胞口更深地陷入体内，在胞口周围形成一个较宽广的区域叫口围(图 2-14)。缘毛亚纲的口围在身体前端形成不对称的漏斗。钟虫口围的边缘由三层纤毛膜(内缘二层，外缘一层)组成，是逆时针地螺旋进入体内。草履虫和四膜虫的口已转到腹面，其口围也可称为口腔。旋毛亚纲有特别发达的小膜口缘区，与缘毛目相反是顺时针地螺旋进入胞口。除了小膜口缘区外，有的口围还有波动膜。

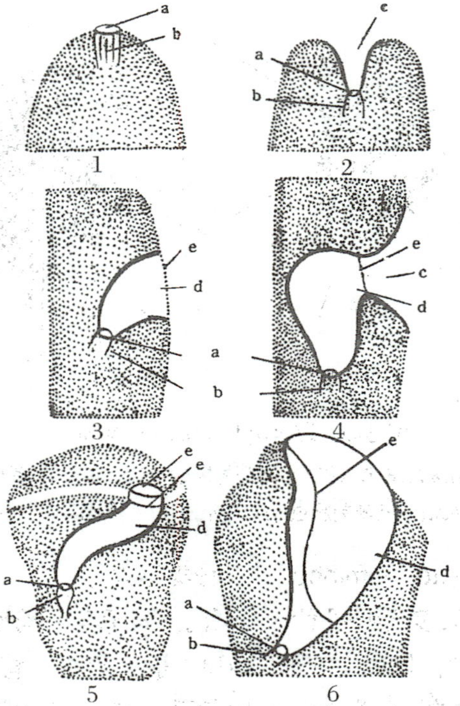

图 2-14 纤毛虫口的图解(仿 Corliss，1961)

1. 裸口目前管虫的口器；2. 低等毛口目的口器；3. 膜口目四膜虫的口器；4. 膜口目草履虫的口器；5. 缘毛目的口器；6. 下毛目的口器(a. 胞口，b. 胞咽，c. 口前庭，d. 口腔，e. 口腔缘

动基片纲分属检索表

1(34) 胞口在前端、亚前端或前端侧面,胞咽不呈篮口式 ……………………………………………………… 裸口亚纲(Gymnostomata)

2(29) 胞口开口于体表或接近体表,无口前庭和口纤毛,胞口裸露。

3(26) 胞口位于前端。

4(11) 胞口圆形或卵圆形,若有刺丝泡则不限于口区 ……………………………………………………… 前口目(Prostomatida)

5(6) 体外披有纵横排列十分整齐的、由外质硬化形成的板壳 ……………………………………………… 板壳虫属(*Coleps*)(图 2–15–1)

6(5) 体外不披有板壳。

7(10) 无管状胞咽。

8(9) 胞口圆形,十分简单没有任何专门的围口纤毛器。体纤毛一般均匀分布,长短也一致 ………… 裸口虫属(*Holophrya*)(图 2–15–2)

9(8) 胞口周围被一圈膜状小盖所包围,身体后端常有一到数根比体纤毛长 3 倍以上的尾纤毛 ……… 尾毛虫属(*Urotricha*)(图 2–15–3)

10(7) 有管状胞咽,且有双层的刺杆 ……………………………………………… 前管虫属(*Prorodon*)(图 2–15–4)

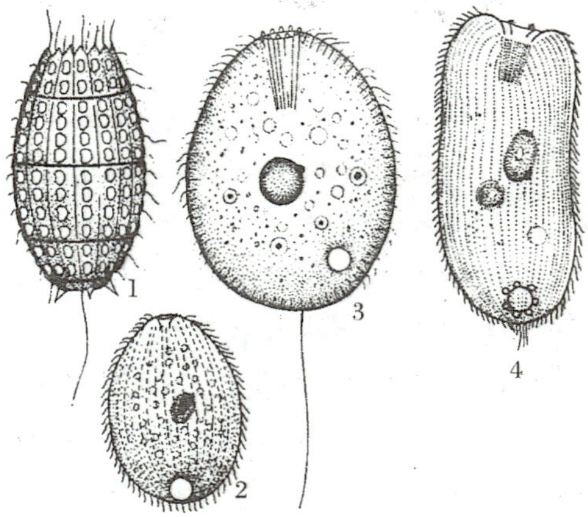

图 2–15 裸口亚纲前口目常见种

1. 毛扳壳虫 *C. hirtus*;2. 裸口虫 *H. atra*;3. 尾毛虫*Urctricha*;4. 柱前管虫 *P. teres*

11(4) 胞口卵圆形或呈裂缝状,刺丝泡多限于口区 ……………………………………………………………… 刺钩目(Haptorida)

12(13) 胞口占整个截断状的前端。体呈左右侧扁的瓶或袋形 ………………………………… 刀口虫属(*Spathidium*)(图 2-16-3)

13(12) 胞口和体形不如上述。

14(23) 体纤毛均匀分布,有时纤毛减少。身体前端无凸起。

15(16) 胞口位于与体分界明显的“头部”上 ……………………………………………………… 长吻虫属(*Lacrymaria*)(图 2-16-1)

16(15) 胞口位于体前端,没有“头部”。

17(20) 胞咽在体前端的半球状突出物上。

18(19) 体左右不对称,前端无颈状延伸 ……………………………………………………… 瓶口虫属(*Lagynophrya*)(图 2-16-2)

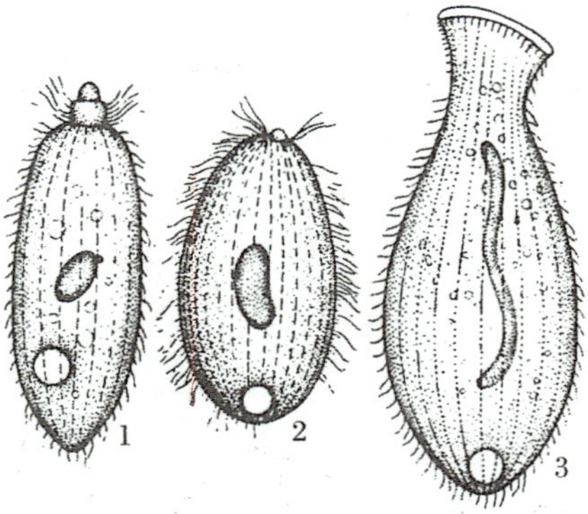

图 2-16 裸口亚纲刺钩目常见种(一)

1. 小长吻虫 *L. minima*;2. 锥瓶口虫 *L. conifera*;3. 刀口虫 *S. spathula*

19(18) 体左右对称,前端多少有颈状延伸 ……………………………………………………… 斜齿虫属(*Enchelyodon*)(图 2-17-1)

20(17) 胞咽在体前端,前端没有半球状突起物。

21(22) 体呈卵圆状,不侧扁,向前微呈颈状,前端明显平截 …………………………………………… 斜口虫属(*Enchelys*)(图 2-17-2)

22(21) 体呈矛状,十分扁平,前面有明显的颈状延伸,前端不平截 …………………………… 管叶虫属(*Trachelophyllum*)(图 2-17-3)

23(14) 体纤毛退化成一到多圈粗壮而长的纤毛。胞口位于圆锥凸起的顶端。

24(25) 体呈圆桶形,前端中央突起总是呈鼻状 ……………………………………………………… 栉毛虫属(*Didinium*)(图 2-17-4)

25(24) 体呈卵圆形,前端中央突起总是呈锥状 …………………………………………………… 睥睨虫属(*Askenasia*)(图 2-17-5)

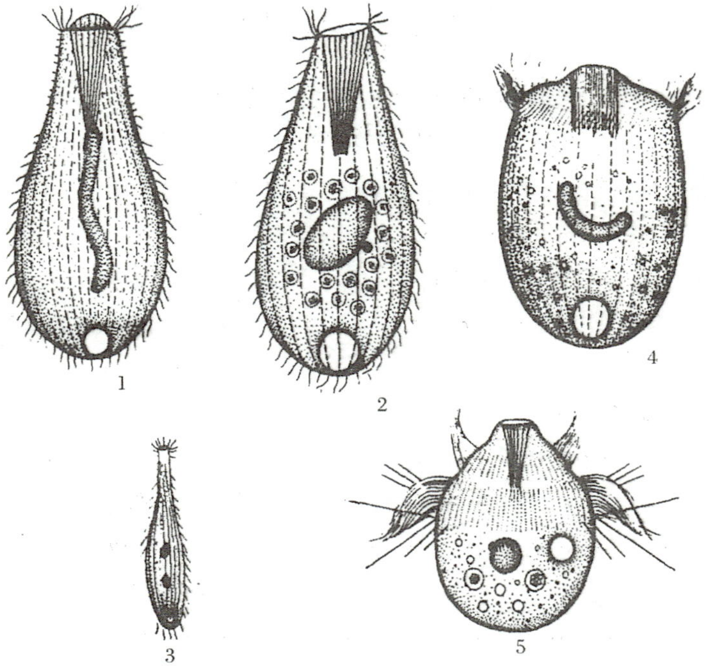

图 2-17 裸口亚纲刺钩目常见种(二)

1. 巧斜齿虫 *E. elegans*;2. 简单斜口虫 *E. simplex*;3. 怯管叶虫 *T. pusillum*;4. 单环栉毛虫 *D. balhianii*;5. 团睥睨虫 *A. volvox*

26(3) 胞口位于前侧面,呈裂缝状 …………… 侧口目(Pleurostomatida)

27(28) 左面躯干部分多半明显地向外突起,有削细的颈部及尾部,前端没有粗壮的刺丝泡集成"钉针(spica)" ……………………………………………………… 漫游虫属(*Litonotus*)(图 2-18-1)

28(27) 左面躯干部分较平,不会明显地向外突起,无明显削细的颈部及尾部,前端有粗壮的刺丝泡集成"钉针" …………………………………………… 半眉虫属(*Idemiophorys*)(图 2-18-2)

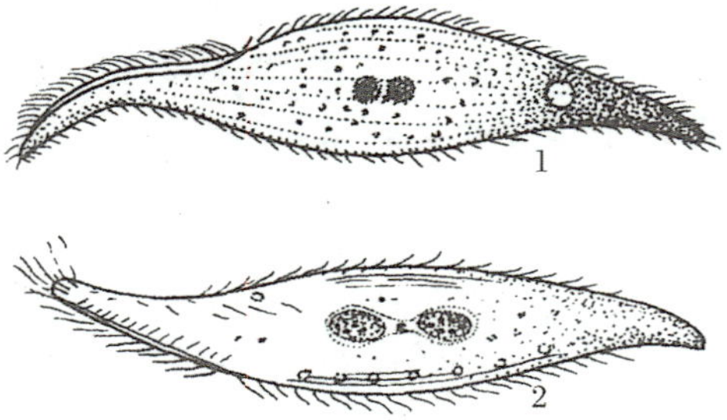

图 2-18 裸口亚纲侧口目常见种

1. 片状漫游虫 *L. fasciola*；2. 肋状半眉虫 *H. pleurosigma*

29(2) 胞口不直接在体表开口，有口前庭，口不裸露 ………………………………………………………………… 前庭亚纲(Vestibulifera)

30(31) 身体不会弯转，体纤毛也不是扭曲排列 ………………………………………………………………… 毛口目(Trichostomatlda)
——斜毛虫属(*Plagiopyla*)(图 2-19-1)

31(30) 体扭曲而不对称，体纤毛也常扭曲或斜向排列 ………………………………………………………………… 肾形目(*Colpodida*)

32(33) 体呈肾形。胞口位于身体中央腹面。体外无粘液管 ………………………………………… 肾形虫属(*Colpoda*)(图 2-19-3)

33(32) 体呈窄卵圆形。胞口位于前端腹侧，呈一纵向的缺口。体外常有粘液管 …………………… 篮环虫属(*Cyrtolophosis*)(图 2-19-2)

34(1) 胞口在腹面，胞咽呈篮口式 …………… 下口亚纲(Hypostomata)

35(38) 全身均有纤毛，有明显的口前接缝线(peroral sculture) ……………………………………………………………… 篮口目(Nassulida)

36(37) 体呈卵圆形或椭圆形，表膜不呈盔甲状。胞咽由刺杆组成，通常称为篮口 ……………………… 篮口虫属(*Nassula*)(图2-20-1)

37(36) 体侧扁，表膜坚硬，盔甲状 ……………………………………………………… 单镰虫属(*Drepanomonas*)(图 2-20-2)

38(35) 仅腹面有纤毛 ……………………………… 管口目(Cyrtophoida)

39(40) 表膜硬化。腹面后方有 1 根旋毛或笔尖的刺 ………………

.... 轮毛虫属(*Trochilia*)(图 2-20-3)

40(39) 表膜不硬化。腹面后端决无任何尖刺 ....

.... 斜管虫属(*Chilodonella*)(图 2-20-4)

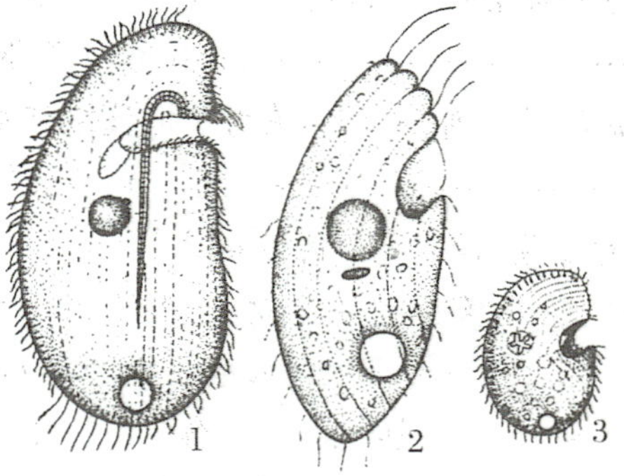

图 2-19 前庭亚纲毛口目和肾形目常见种

1. 鼻斜毛虫 *P. nasuta*;2. 大篮环虫 *C. major*;3. 僧帽肾形虫 *C. cucullus*

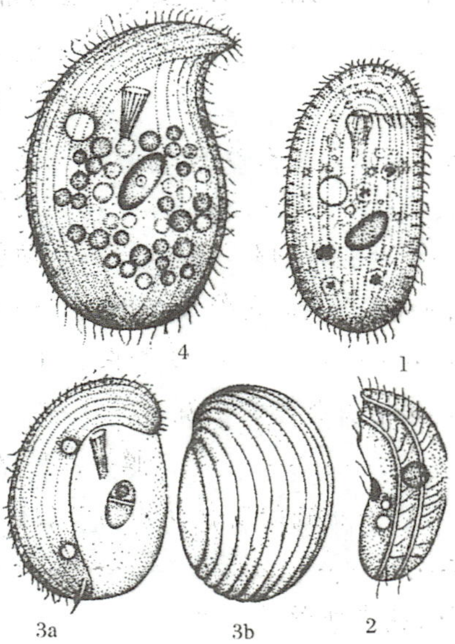

图 2-20 下口亚纲常见种

1. 篮口虫 *Nassula*;2. 纯单镰虫 *D. obtusa*;3. 沟轮毛虫 *T. sulcata* (a. 腹面观;b.背面观);4. 食藻斜管虫 *C. algivora*

(六)寡膜纲(Oligohymenophora)分类检索

寡膜纲分属检索表

1(12) 体纤毛均匀分布全身,口器通常有3~4片口腔纤毛膜或小膜组成 ………………………………………… 膜口亚纲(Hymenostomata)

2(9) 口器位于体腹面前半部,口腔内有纤毛小膜或波动咽膜 ……… ………………………………………… 膜口目(Hymenostomatida)

3(6) 口腔内有4片小膜,没有纵长的波动咽膜。

4(5) 口位于腹面右缘,体纤毛左右不对称,背面的纤毛列在前部明显地弯向右侧 ………………… 豆形虫属(*Colpidium*)(图2-21-1)

5(4) 口位于腹面中部与身体的纵轴一致,体纤毛左右对称 ………… ……………………………… 四膜虫属(*Tetrahymena*)(图2-21-2)

6(3) 口腔内有2~3片长的咽膜。

7(8) 口腔内有2片长的咽膜。虫体呈雪茄形或鞋底形,有发达的口沟 ……………………………… 草履虫属(*Paramecium*)(图2-21-3)

8(7) 口腔内有3片长的咽膜。虫体呈卵圆形或椭圆形,无发达的口沟 ……………………………… 前口虫属(*Frontonta*)(图2-21-4)

9(2) 胞口偏向左或右侧。有些种类波动膜呈帆状 …………………… ………………………………………… 盾纤毛目(Scuticociliatida)

10(11) 口纤毛不是明显地向外伸出帆状的波动膜。体为扁卵圆形或椭圆形,胞口在后部,尾纤毛多根 ………………………… ……………………… 映毛虫属(*Cinelochilum*)(图2-21-5)

11(10) 口纤毛明显地向外伸出呈帆状的波动膜。口在右侧 ……… ……………………………… 膜袋虫属(*Cyclidium*)(图2-21-6)

12(1) 体纤毛退化。身体前端有很发达的左旋口缘区 ……………… ………………………………………… 缘毛亚纲(Peritricha)

13(18) 身体有柄,柄有肌丝且能收缩。

14(15) 柄不分枝,故不会形成树状群体 ………………………………… 钟虫属(*Vorticella*)(图2-22-1)

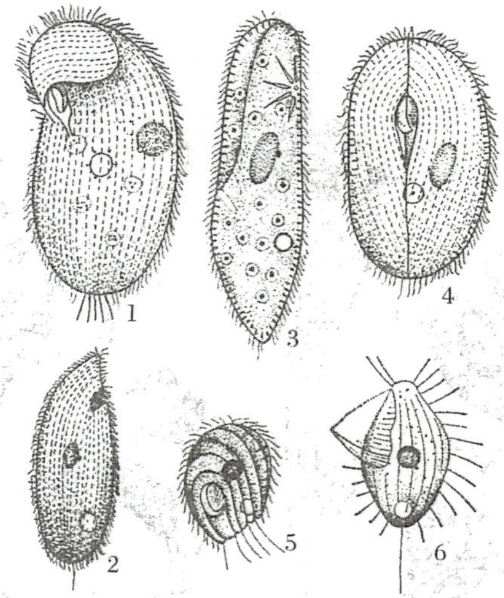

图 2-21 膜口亚纲常见种

1. 肾形豆形虫 *C. colpoda*; 2. 吻状四膜虫 *T. rostrata*; 3. 草履虫 *Paramecium*; 4. 凹扁前口虫 *F. depress*; 5. 珍珠映毛虫 *C. margaritaceum*; 6. 银灰膜袋虫 *C. glaucoma*

15(14) 柄分支且形成树状群体。

16(17) 柄有肌丝总是相连的 ……………………………………… 聚缩虫属(*Zoothamnium*)(图 2-22-3)

17(16) 柄内肌丝在分叉处不相连 ……………………………………… 独缩虫属(*Carchesium*)(图 2-22-2)

18(13) 身体有柄,但柄无肌丝,故不能收缩 ……………………………………… 累枝虫属(*Epistylis*)(图 2-22-4)

(七)多膜纲分类检索

多膜纲分属检索表

1(14) 体纤毛不会融合为触毛。

2(5) 体纤毛均匀分布,表膜薄,有时能高度收缩 ……………………………………… 异毛目(Heterotrichida)

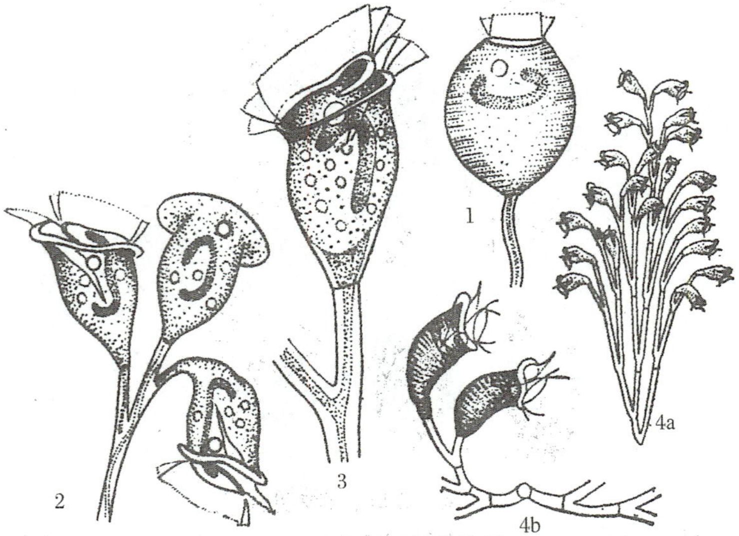

图 2-22 缘毛亚纲常见种

1. 缩钟虫 *V. abbreviata*；2. 螅状独缩虫 *C. polypinum*（分支的一部分）；3. 树状聚缩虫 *Z. arbuscula*（分支的一部分）；4. 浮游累枝虫 *E. rotans*（a. 群体，b. 某一分支）

3(4) 体呈长圆柱形或长圆筒形。口缘区纤毛沿着腹面中线向后延伸并略向右旋 ………………… 旋口虫属（*Spirostomum*）（图 2-23-1）

4(3) 体呈喇叭形。口缘区纤毛沿着身体前端向右旋转约 300 度 ……………………………………… 喇叭虫属（*Stentor*）（图 2-23-2）

5(2) 体纤毛退化，表膜增厚 ……………………… 寡毛目（*Oligotrichida*）

6(11) 无壳。

7(8) 在身体的赤道区有几束长的棘毛，能跳跃运动 ………………………………………………… 弹跳虫属（*Halteria*）（图 2-23-3）

8(7) 身体的赤道区无长的棘毛，不会跳跃运动。

9(10) 小膜口缘区是开口的，胞口裸露。身体后部由刺丝泡组成的腰带 ………………………… 急游虫属（*Strombidium*）（图 2-23-4）

10(9) 小膜口缘区是封闭的，胞口不裸露，身体后部无刺丝泡组成的腰带 ………………………… 侠盗虫属（*Strobilidum*）（图 2-23-5）

11(6) 有壳。

12(13) 壳的砂粒粗而松散。壳呈管状或喇叭形，无领 ……………………………………………… 筒壳虫属(*Tintinnidium*)(图 2-24-1)

13(12) 壳的砂粒细而紧密，壳呈钵形或杯形，一般有领，壳表往往有细的螺纹 …………… 拟铃壳虫属(*Tintinnopsis*)(图 2-24-2)

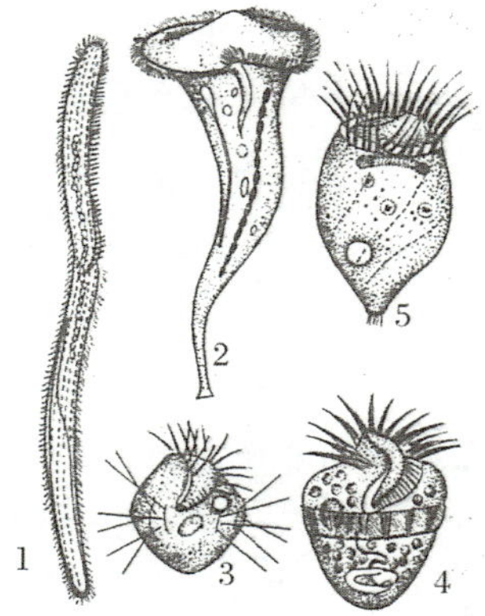

图 2-23 异毛目和寡毛目常见种(一)

1. 小旋口虫 *S. minus*；2. 多态喇叭虫 *S. polymprphus*；3. 大弹跳虫 *H. grandinella*；4. 缘急游虫 *S. wiride*；5. 旋回侠盗虫 *S. gyrans*

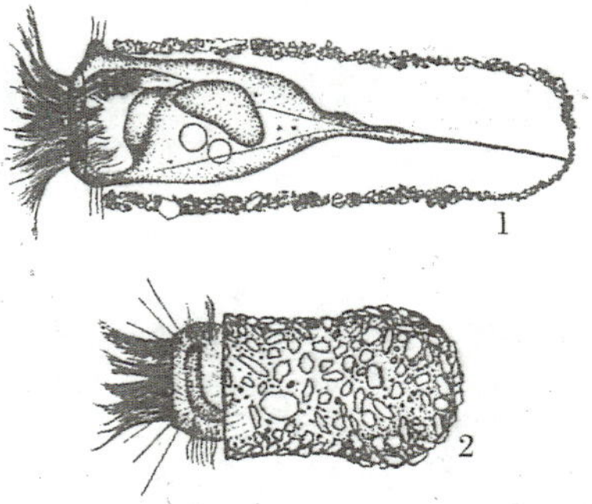

图 2-24 异毛目和寡毛目常见种(二)

1. 筒壳虫 *Tintinnidium*；2. 拟铃壳虫 *Tintinnopsis*

14(1) 体纤毛仅在腹面，并融合为硬的触毛 ……… 下毛目(*Hypotrichida*)

15(26) 小膜口缘区十分发达。

16(25) 有缘触毛。

17(20) 腹面的触毛未分化,有 2～12 行连续排列的触毛。

18(19) 腹面有 2~4 行腹触毛,无臀触毛。体后端细削成尖尾状 ………
……………………………… 瘦尾虫属(*Ureleptus*)(图 2-25-1)

19(18) 腹面有 2 行腹触毛,有臀触毛,体后端不缩成尖尾 ……………
……………………………… 全列虫属(*Holosticha*)(图 2-25-2)

20(17) 腹面的触毛分化成前触毛、腹触毛和臀触毛等,并分区排列。

21(24) 体柔软,可收缩。左右两侧缘触毛在身体末端会合。

22(23) 胞口的右缘唇微向左弯,但远离小膜口缘区。一般无尾触毛 ……
……………………………… 尖毛虫属(*Qxytricha*)(图 2-25-3)

23(22) 胞口的右缘唇明显地向左弯或呈螺旋形弯转,与小膜口缘区靠拢
……………………………………… 宽口虫属(*Steinia*)

24(21) 体较硬,不收缩,左右两侧的缘触毛在身体末端不会合。有尾触毛
……………………………… 棘尾虫属(*Stylonychia*)(图 2-25-4)

25(16) 无缘触毛或高度退化。体坚实,往往有纵长的肋条 …………
……………………………… 游仆虫属(*Euplotus*)(图 2-25-5)

26(15) 小膜口缘区缩减退化在一个囊袋里。体坚硬,往往有肋条隆起
……………………………… 楯纤虫属(*Aspidisca*)(图 2-25-6)

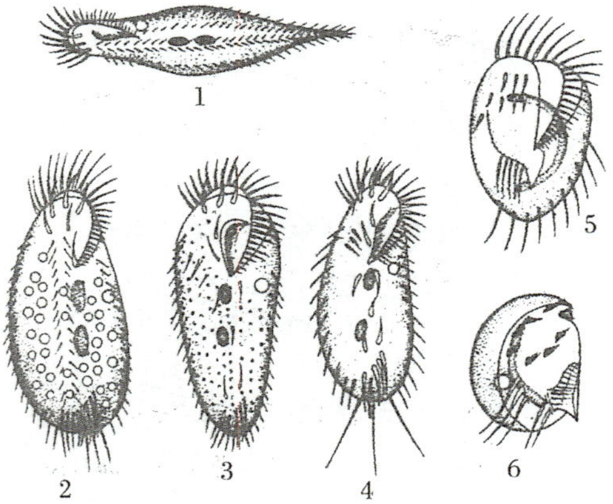

图 2-25 下毛目常见种

1. 尾瘦毛虫 *U. caudatus*;2. 绿全列虫 *H. viridis*;3. 欠安尖毛虫 *Q. inquieta*;
4. 弯棘尾虫 *S. curvata*;5. 土生游仆虫 *E. terricola*;6. 齿楯纤虫 *A. dentaata*

三、淡水轮虫常见类群的分类检索

目前国外常用的分类法将轮虫动物门分为2纲5目31科。本着需要与可能相结合的原则，在此仅提供轮虫动物门分纲、分目和分属检索表。

轮虫分纲和目检索表

1. 卵巢1对(双巢纲 Digononta) …………………………………… 2
   卵巢1个(单巢纲 Monogononta) ………………………………… 3
2. 口器呈枝型，头冠一般比较发达 ………………… 蛭态目(Bdelloidea)
   口器呈吸型，头冠退化，专性寄生在海洋中 …… 尾盘目(Seisonidea)
3. 口器呈槌枝型或钩型 ……………………………………………… 4
   口器除槌枝型或钩型外的其他类型 ……………… 游泳目(Ploimida)
4. 口器呈槌枝型，头冠具轮盘 ………………… 簇轮目(Flosculariacea)
   口器呈钩型，头冠向四周张开而宽阔 …… 胶鞘轮目(Collothecacea)

淡水常见轮虫分属检索表

1(42) 有足。足或长或短；且有1个或2个或几个能伸缩的环节；光滑或有假节，有或无趾。

2(37) 足有趾。

3(26) 有被甲。被甲坚固并有一定的形状；被甲虽柔软但仍可保持一定的形状。一般有棘、疣、条纹、龙骨等。

4(17) 被甲背腹扁平，或不扁平。

5(6) 足长。有环纹可伸缩，呈蠕虫样。身体壮实，前端有2、4、6个棘；后端浑圆，角状或具1~2个棘。足孔有棘刺或无棘刺 ……………………………………………… 臂尾轮属(*Brachionus*)(图2-26)

6(5) 足短，1~4节，无环纹。

7(10) 被甲或多或少呈圆柱形。

8(9) 头部顶端具有一明显的半圆形盾状的冠甲(头鞘)。末端具3个后刺 ……………………………… 鳞冠轮属(*Squatinella*)(图2-27)

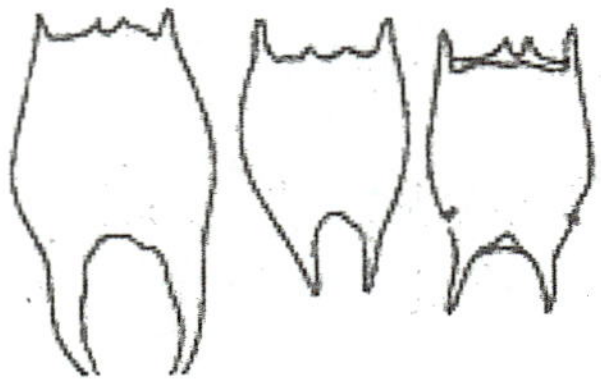

图 2-26 不同形态的剪形臂尾轮虫 *B. forficula*

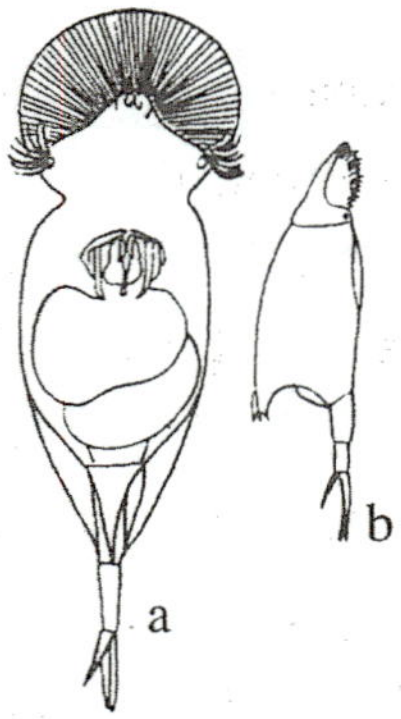

图 2-27 吻突鳞冠轮虫 *S. rostrum*

a. 背面观；b. 侧面观

9(8) 头部无冠甲，被甲平直或拱起；有或无龙骨(Crest)和前棘。1~2个趾，常不相等，针形，互相之间扭在一起，趾常有1根或几根刚毛……………………………… 异尾轮属(*Trichocerca*)(图 2-28)

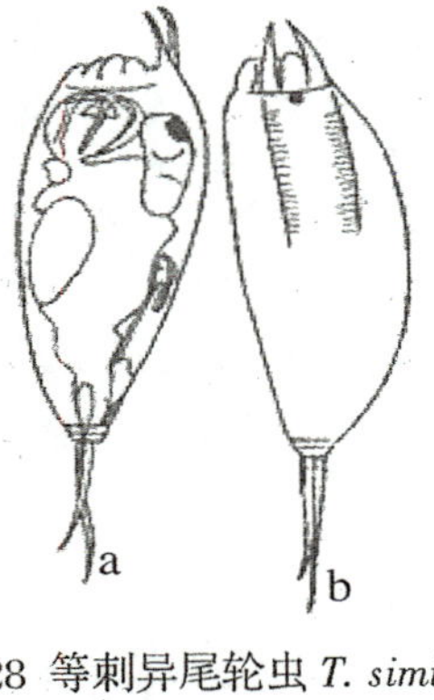

图 2-28 等刺异尾轮虫 *T. similis*

a. 侧面观；b. 背面观

10(7) 被甲或多或少背腹扁平。

11(12) 被甲前缘具棘,后缘具细齿(被甲与臂尾轮虫相似,故有人把本属并入臂尾轮属)。足3节,仅部分能伸缩,趾短 ……………………………………………… 平甲轮属(*Platyas*)(图 2-29)

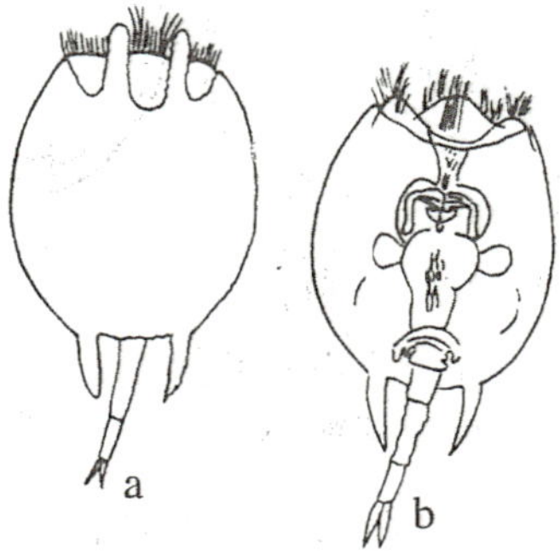

图 2-29 四角平甲轮虫 *P. quadricornis*

a. 背面观;b. 腹面观

12(11) 被甲卵圆形到盾形,一般无棘,或在前角有短齿,足1或多节。

13(14) 被甲腹面一般扁平,背部拱起,有或无龙骨,侧面扩张或呈羽状。外形呈卵圆形或梨形,背面末端具"V"字形凹陷。足很短,2~3节,2个趾,较大,呈箭形或针形 ……………………………………………… 须足轮属(*Euchlanis*)(图 2-30)

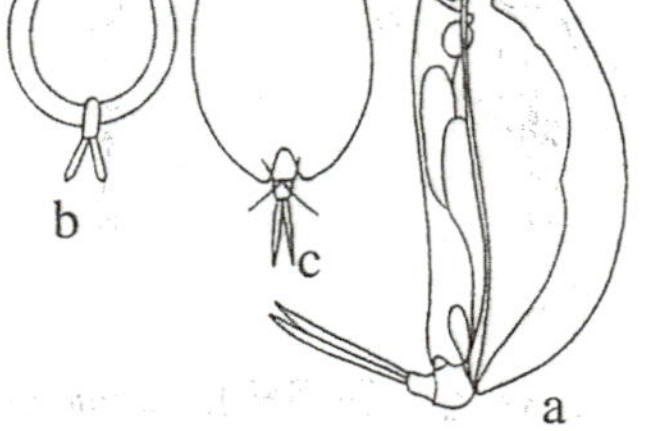

图 2-30 大肚须足轮虫 *E. dilatata*

a. 侧面观;b. 腹面观;c. 背面观

14(13) 被甲背腹面均扁平,有2个板或1个板。

15(16) 被甲卵圆形、梨形或盾形,有背板和腹板,被甲前端开口宽而浅,侧缘突出呈角形或短棘，后端浑圆，或延伸呈突起，足短，1~2节，趾长，2个或融合成1个，或部分融合。1个眼 ……………………………………… 腔轮属(*Lecane*)(图2-31)

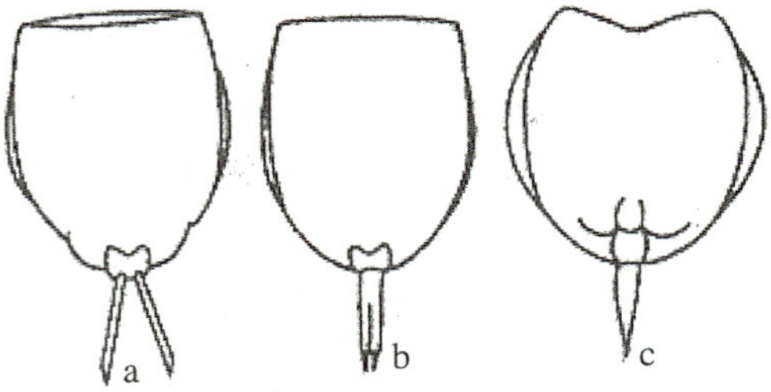

图2-31 腔轮属 *Lecane*

a. 腔轮亚属；b. 半趾轮亚属；c. 单趾轮亚属

16(15) 被甲1块，呈卵圆形、梨形，有或无龙骨及侧突起。被甲前端开口狭，半圆形。足孔很深，足有3~4节，但仅末端和趾伸出被甲之外，趾2个，或短或长，尖角状。2个侧眼 …………………………………… 鞍甲轮属(*Lepadella*)(图2-32)

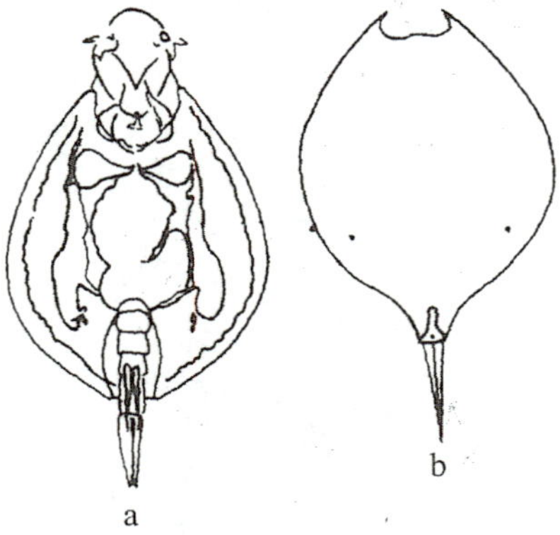

图2-32 盘状鞍甲轮虫 *L. patella*

a. 腹面观；b. 背面观

17(4) 被甲或多或少侧扁。

18(21) 足有褶皱；足孔在腹面，趾1或2个。

19(20) 被甲粗壮，囊形或锥形，并有齿、沟或脊 ……………………

…………………………………… 皱甲轮属(*Ploesoma*)(图 2–33)

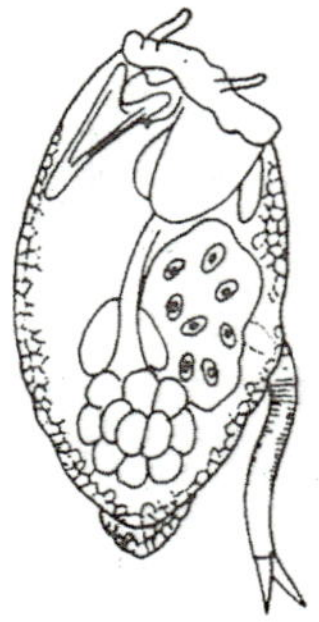

图 2–33 郝氏皱甲轮虫 *P. hudsoni*

20(19) 被甲薄,柔弱,瓶状且平滑 …… 腹尾轮属(*Gastropus*)(图 2–34)

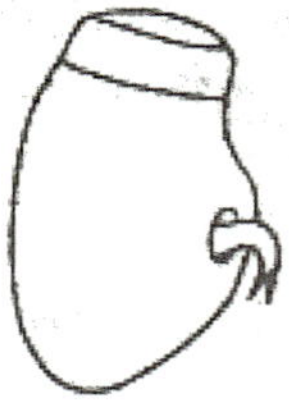

图 2–34 腹足腹尾轮虫 *G. hyptopus*(侧面观,示足)

21(18) 足无褶皱,1 或 2 节;足孔在后端,趾 2 个。

22(23) 躯体向腹面弯曲,被甲相当柔韧,几片组成,有侧裂片。足短,趾短或长 …………………… 巨头轮属(*Cephalodella*)(图2–35–1)

23(22) 被甲较厚,侧面观呈钱包形。

24(25) 被甲较短,有背裂片,后端有时亦在前端具齿。足 1 或几节,趾较长,刀状或稍弯曲 ………… 棘管轮属(*Mytilina*)(图 2–35–2)

25(24) 被甲圆形或前端尖削,后端很少浑圆,大多数种类向后瘦削比较突出,使最后端形成一尖角,头部最前端具有能伸缩的钩状小甲片。足 3~4 节 ………… 狭甲轮属 (*Colurella*)(图2–35–3)

26(3) 无被甲。体表为一薄角质层,十分透明且可弯曲。在运动时,体型有很大变化。固定后不能保持原来形状。

27(28) 身体和足能蠕动。头冠有 2 个纤毛环。伸展的足长或很长，且具 3 个趾，2 个距 ………………………… 轮虫属(*Rotaria*)(图 2-36)

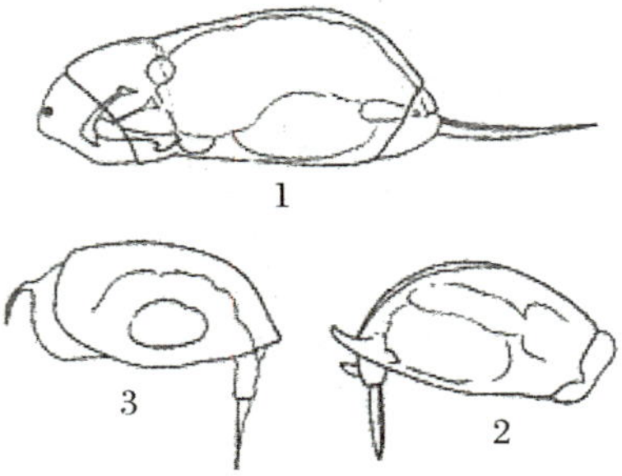

图 2-35 三种轮虫的侧面观

1. 凸背巨头轮虫 *C. gibba*；2. 腹棘管轮虫 *M. ventralis*；
3. 爱德里亚狭甲轮虫 *C. adriatica*

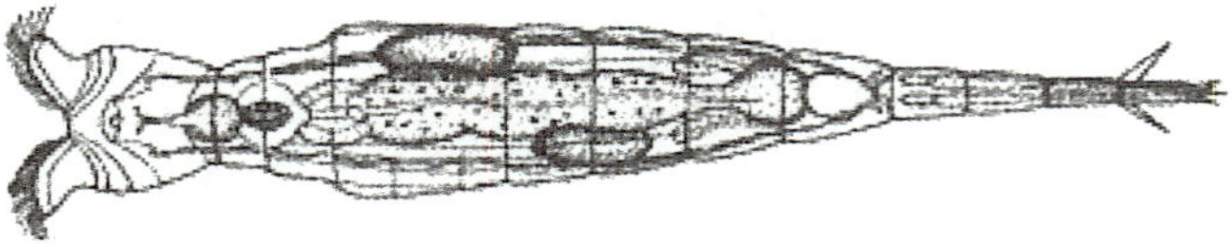

图 2-36 转轮虫 *R. rotatoria*(背面观)

28(27) 身体和足不能蠕动。头冠无 2 个纤毛环。足短或中等长，2 个趾，…………………………………………………………………… 无距。

29(30) 头部背面具一鼻状突起物。头部具粗壮的棘毛或刚毛，同时这些棘毛或刚毛可伸展到"V"字型的口漏斗中 …………………………………………………… 犀轮虫属(*Rhinoglena*)(图 2-37)

30(29) 头部和头冠不如上述。

31(32) 无后肠和肛门，体呈囊状。足在腹面，短小 …………………………………………………… 囊足轮虫(*Asplanchnopus*)(图 2-38)

32(31) 有后肠和肛门。足在后端。

33(34) 头部两侧具 2 个耳状突出物，头冠具 4 根粗的感觉刚毛 ……………………………………………… 疣毛轮属(*Synchaeta*)(图 2-39)

34(33) 头部无耳状突出物。

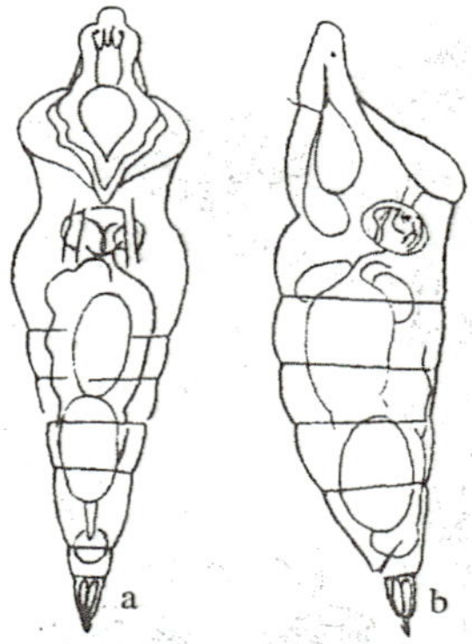

图 2-37 前额犀轮虫 *R. frontalis*

a. 腹面观；b. 侧面观

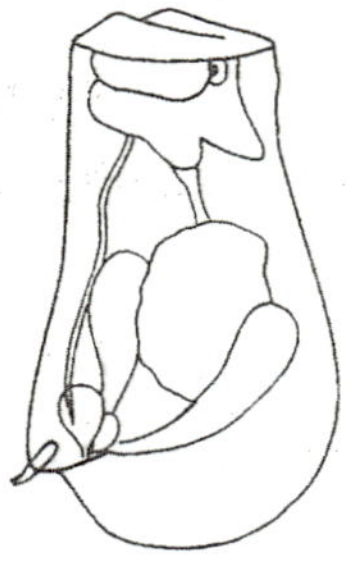

图 2-38 多突囊足轮虫 *A. multiceps*（侧面观）

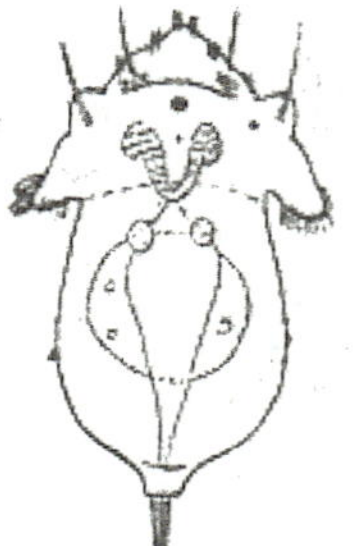

图 2-39 长足疣毛轮虫 *S. longipes*（背面观）

35(36) 咀嚼器槌型，咀嚼用 ………… 水轮属（*Epiphanes*）（图 2-40-1）

36(35) 咀嚼器砧型，刺吸用 ……… 哈林轮属（*Harringia*）（图 2-40-2）

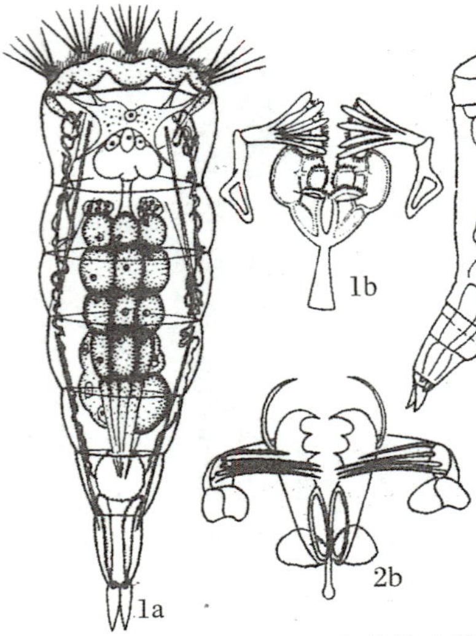

图 2-40 锥尾水轮虫 *E. senta* 和真足哈林轮虫 *H. eupoda*

（1a:整体;1b:槌型咀嚼器）（2a:整体;2b:砧型咀嚼器）

37(2) 足无趾。

38(39) 体表角质层厚或形成坚硬的壳或被甲。背、腹极扁，体呈圆形或卵圆形，足孔在腹面 ········· 镜轮虫属(*Testudinella*)(图 2-41)

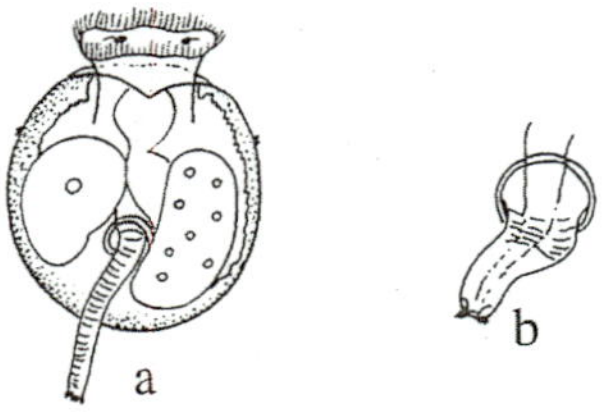

图 2-41 盘镜轮虫 *T. patina*

a. 腹面观;b. 足孔

39(38) 角质层薄且可弯曲。一般有一透明的胶囊，或部分包裹或全部包裹。单体或可形成球状群体。

40(41) 头部呈漏斗形，中间为口。头冠边缘具 1~7 个裂片。头冠纤毛一般为 1 排，裂片上纤毛一般较长。足长而细弱，柄状，有或无吸盘。胶囊常很透明且很大 胶鞘轮属(*Collotheea*)(图 2-42-1)

41(40) 头部不呈漏斗状。头冠边缘无裂片，呈马蹄形。头冠纤毛 2 排。口位于头冠中间腹面，足较粗壮无吸盘。单个个体或形成球状群体 …………………… 聚花轮属(*Conochilus*)(图 2-42-2)

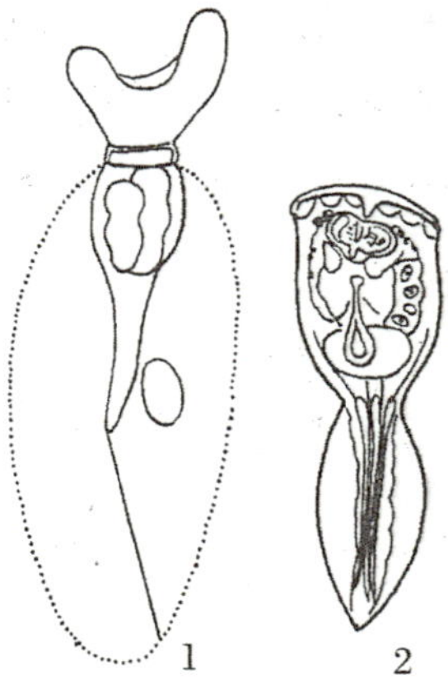

图 2-42 无常胶鞘轮虫 *C. mutabilis*(1)和独角聚花轮虫 *C. unicornis*(2)

42(1) 无足。

43(56) 身体具刺或具针样或肢样突出物。

44(51) 角质层形成坚硬的壳或被甲，虽能弯曲但在运动或固定后尚能保持一定的形状，被甲上常装饰有脊或条纹。

45(50) 被甲前端具 6 个对称棘状突起，有或没有后棘状突起。

46(47) 被甲背面具网状花纹，并隔成不少有规则的小块片 ………………………………………… 龟甲轮属(*Keratella*)(图 2-43)

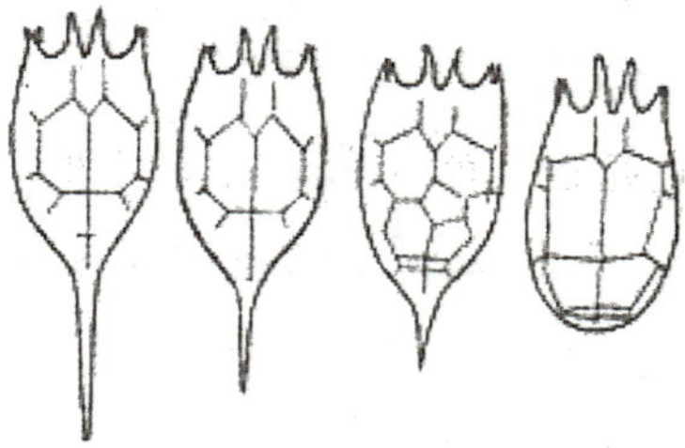

图 2-43 不同形态的螺形龟甲轮虫 *K. cochlearis*

47(46) 被甲比较光滑，并不隔成小块片。

48(49) 被甲中央有 1 条纵长隆起的脊。腹甲后半部有一尖三角形凸的

小“骨片” …………… 帆叶轮属(*Argonotholca*)(图 2-44-4)

49(48) 背甲中央没有隆起的脊,腹甲后半部也没有尖三角状小“骨片”的凸出。被甲后端或浑圆,或瘦削,或形成一突出的短柄 ……
……………………………… 叶轮属(*Notholca*)(图 2-44,2-3)

50(45) 被甲前端具 4 或 6 个棘状突起,既不等长也不对称,身体后端具一中棘状突起 ………… 盖氏轮属(*Kellicottica*)(图 2-44-1)

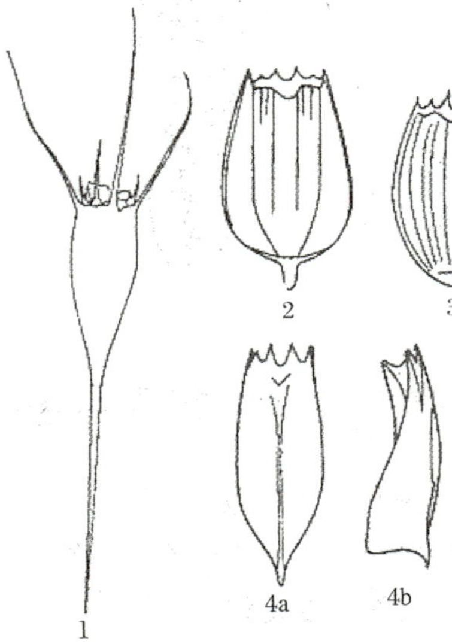

图 2-44 叶轮属、帆叶轮属和盖氏轮属常见种

1. 长刺盖氏轮虫 *K. longispina*(背面观);2. 唇形叶轮虫*N. labis*(腹面观);3. 鳞状叶轮虫 *N. squamula*(腹面观);4. 叶状帆叶轮虫 *A.foliacea* (a. 背面观,b. 侧面观)

51(44) 角质层薄,十分透明,身体易弯曲,但固定或死亡后仍能保持一定的形状。

52(53) 身体具 3 条长或短能动的棘或刚毛,2 条在前端,1 条在后端 …
…………………………………… 三肢轮属(*Filinia*)(图2-45)

53(52) 身体具 12 条羽状(或剑状)刚毛,或具 6 个比较粗壮的腕状附肢,附肢末端具发达的羽状刚毛。

54(55) 身体具 12 条羽状(或剑状)刚毛,分 4 束,每束 3 条,背侧和腹面各 2 束 ……………………… 多肢轮属(*Polyarthra*)(图2-46)

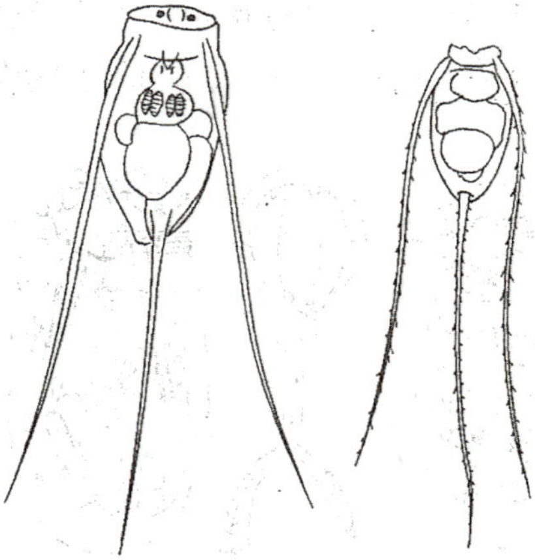

图 2-45 不同形态的长三肢轮虫 *F. longiseta*

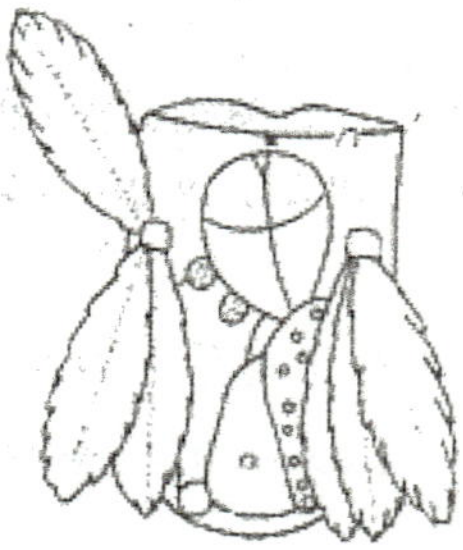

图 2-46 真翅多肢轮虫 *P. euryplera*(背面观)

55(54) 身体具 6 个比较粗状的附肢,末端具发达的羽状刚毛
………………………………… 六腕轮属(*Hexarthra*)(图 2-47)

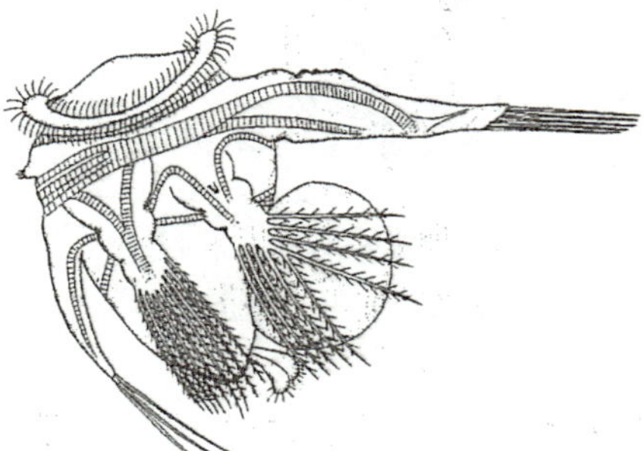

图 2-47 奇异六腕轮虫 *H. mira*(侧面观)

56(43) 身体无刺,亦无针样或肢样突出物。

57(58) 无肠和肛门，胃不扩张亦无“污秽胞”。体大、透明如灯泡。卵胎生 ………………………… 晶囊轮属(*Asplanchna*)(图 2-48)

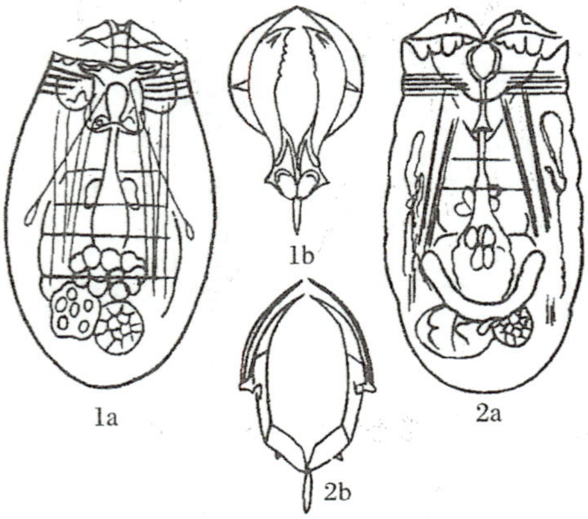

图 2-48 晶囊轮属常见种

1. 前节晶囊轮虫 *A. priodonta*(a. 整体，b. 咀嚼器)；2. 盖氏晶囊轮虫 *A. girodi*(a. 整体，b. 咀嚼器)

58(57) 有肠和肛门。

59(60) 胃大，充满了体腔，常具有明显绿色的内含物并有 1 到几个黑色“污秽胞” ……………… 无柄轮虫属(*Ascomorpha*)(图 2-49)

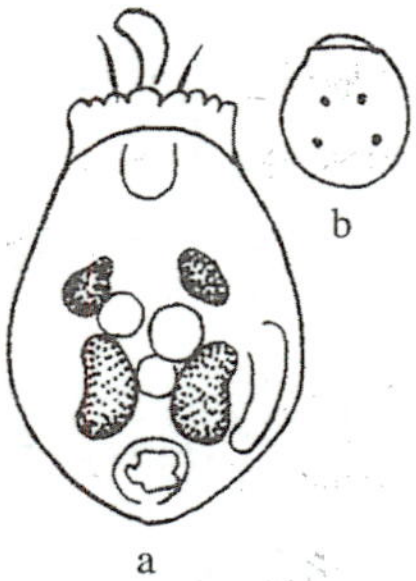

图 2-49 卵形无柄轮虫 *A. ovalis*

a. 背面观；b. 收缩状

60(59) 胃不如上述，亦无“污秽胞”。

61(62) 被甲(即为增厚的几丁质)呈截锥形，身体末端皱褶，背腹愈合，带有大型泡状卵附在体之末端 ……………………………… 龟纹轮属(*Anuraeopsis*)(图 2-50-1)

62(61) 被甲卵圆形或盾形，背腹扁平。横切面有4个裂片，常有圆形卵附在泄殖孔上(不是足孔) ……………………………………………………………… 泡轮虫属(*Pompholyx*)(图2-50-2)

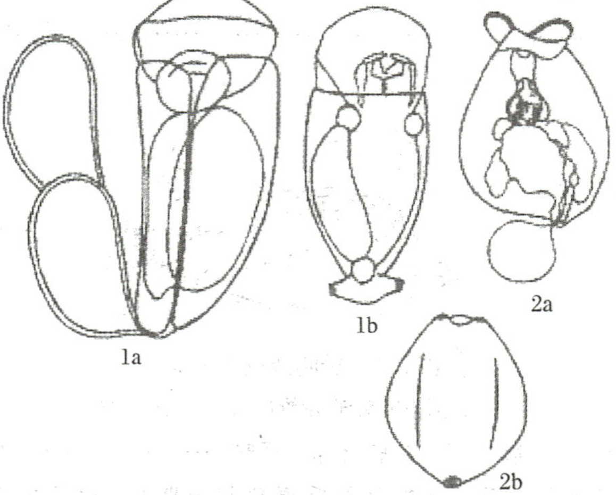

图2-50 龟纹轮属和泡轮虫属常见种

1. 裂痕龟纹轮虫 *A. fissa*(a. 侧面观，b. 腹面观示卵托)；

2. 沟痕泡轮虫 *P. sulcata*(a. 斜面观，b. 侧面观)

四、淡水枝角类常见类群的分类检索

枝角类隶属于节肢动物门、甲壳动物纲、鳃足亚纲、双甲目。现行的甲壳动物分类学将鳃足亚纲划分为三个目：无甲目、背甲目和双甲目。双甲目又划分为贝甲亚目与枝角亚目。本书采用《中国动物志》节肢动物门甲壳纲淡水枝角类分类系统和附图。

常见淡水枝角类分属检索表

1(2) 体长大，不侧扁；具6对近乎圆柱形的游泳足，其外肢完全退化；冬卵间接发育，先孵出后期无节幼体 ……… 单足部(Haplopoda)

仅1科1属1种 --- 透明薄皮溞(*Leptodora kindti*)(图2-51)

2(1) 体较短，多少侧扁，具5~6对叶片状的胸肢或4对近似圆柱形的游泳肢，其外肢不退化，冬卵直接发育，不孵出后期无节幼体 ……………………………………………………………… 真枝角部(*Eucladocera*)

3(8) 胸肢 6 对，同形，均呈叶片状 ……………… 仙达溞总科(*Sidoidea*)

4(7) 第 2 触角不论性别，均为双肢型，具游泳刚毛 15~20 根 ……………………………………………………………… 仙达溞科(*Sididae*)

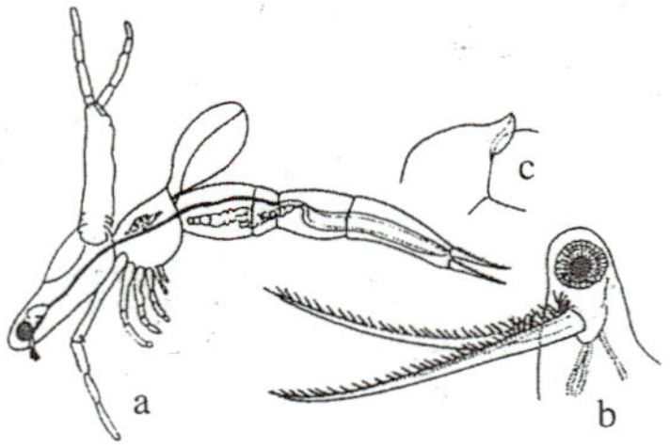

图 2-51 透明薄皮溞 *L. kindti*

a. 整体；b. 头部，示雄性第 1 触角；c. 背盾

5(6) 第 2 触角外肢 3 节，内肢 2 节，有吻 ……………… 仙达溞属(*Sida*)

壳瓣近长方形。后背角与后腹角都很明显。后腹角上有一小刺。头部大，额顶浑圆。头背侧有一吸附器。颈沟明显。肛刺 13~14 个。爪刺粗大 ………………… 晶莹仙达溞(*S. crystallina*)(图 2-52)

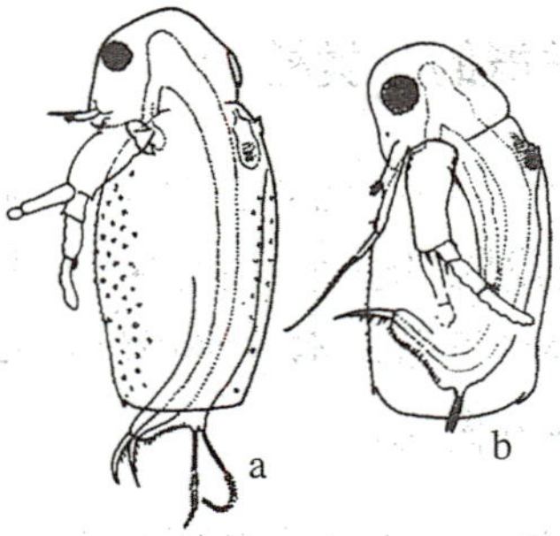

图 2-52 晶莹仙达溞 *S. crystallina*

a. 整体，♀；b. 整体，♂

6(5) 第 2 触角外肢 2 节，内肢 3 节，后腹部无肛刺 ……………………………………………… 秀体溞属(*Diaphanosoma*)(图 2-53)

7(4) 第 2 触角雌溞单肢型，只具游泳刚毛 3 根；雄溞双肢型，共有游泳刚

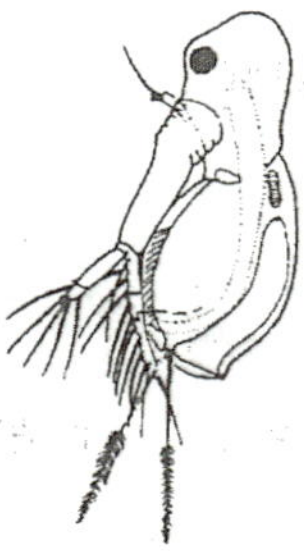

图 2–53 短尾秀体溞 *D. brachyurum*

毛 5 根 ………………………………… 单肢溞科(Holopedidae)

8(3) 胸肢 5~6 对,前 2 对呈执握状,其余呈叶片状 ……………………
……………………………………… 盘肠溞总科(Chydoroidea)

9(34) 第 2 触角内、外肢均为 3 节;肠管盘曲,其后部大多有 1 个盲囊
………………………………………… 盘肠溞科(Chydoridae)

10(11) 肛门位于后腹部末端;肠管前部有 1 对盲囊;后腹部背缘有 1 行锯状齿 ………………………… 宽尾溞亚科(Eurycercinae)

只有 1 属 ……………………… 宽尾溞属(*Eurycercus*)

——薄片宽尾溞(*E.lamellatus*)(图 2–54)

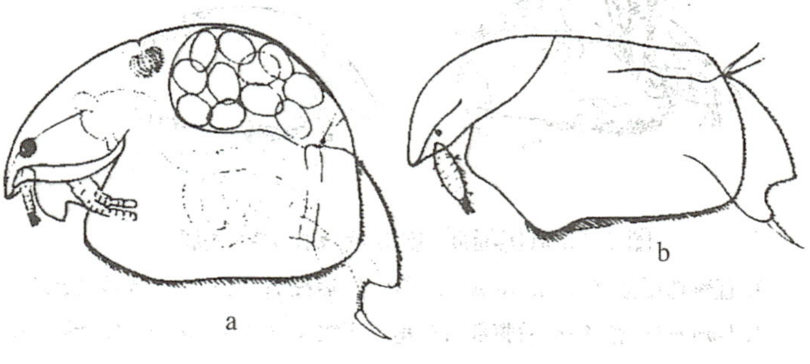

图 2–54 薄片宽尾溞 *E. lamellatus*

a. 整体,♀;b. 整体,♂

11(10) 肛门位于后腹部的背面;肠管前部无盲囊;后腹部背缘左右有2行棘刺。

12(25) 壳瓣后缘高,仅稍低于壳瓣的最高部位;尾爪基部只有 1 个爪刺

（无爪刺的种类除外）……………… 尖额溞亚科(Aloninae)

13(18) 尾爪凹面的中央具附刺列。

14(17) 头部与背部均有隆脊。

15(16) 后腹部特别细长，末端尖削，有肛刺 … 弯尾溞属(*Camptocercus*)

——直额弯尾溞(*C.rectirostris*)(图 2-55-1)

16(15) 后腹部较宽广，仅有刚毛簇，无肛刺。复眼远离头部背缘 ……

……………………………………… 顶冠溞属(*Acroperus*)

——镰形顶冠溞(*A.harpae*)(图 2-55-2)

17(14) 只背部有隆脊。

18(13) 尾爪凹面的中央无附刺。

19(20) 吻宽，侧面观呈镰形 …… 笔纹溞属(*Graptoleberis*)(图 2-55-3)

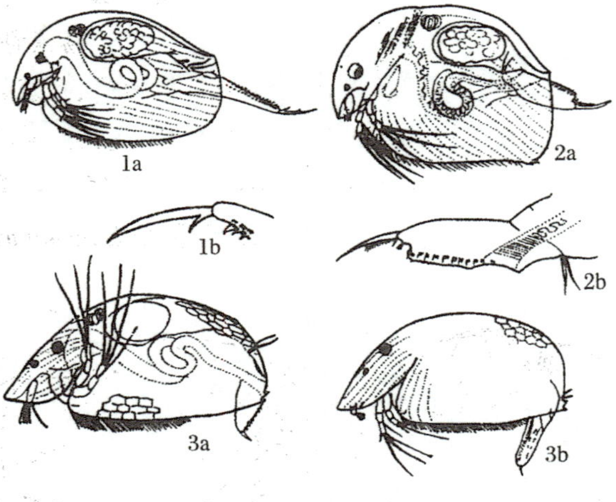

图 2-55 弯尾溞属、顶冠蚤属和笔纹溞属

1. 直额弯尾溞 *C. rectirostris*（a. 整体；b. 后腹部，尾爪）；2. 镰形顶冠溞 *A. harpae*（a. 整体；b. 后腹部）；3. 龟状笔纹溞 *G. testudinaria*（a. 雌体；b. 雄体）

20(19) 吻不呈上述形式。

21(24) 后腹部特别宽大，近乎半圆形，具有许多簇发达的刺束，单眼大于复眼，或二者相似 ……………………… 大尾溞属(*Leydigia*)

22(23) 尾爪有基刺，单眼略大于复眼 ………………………………

……………………………… 粗刺大尾溞(*L. leydigia*)(2-56-1)

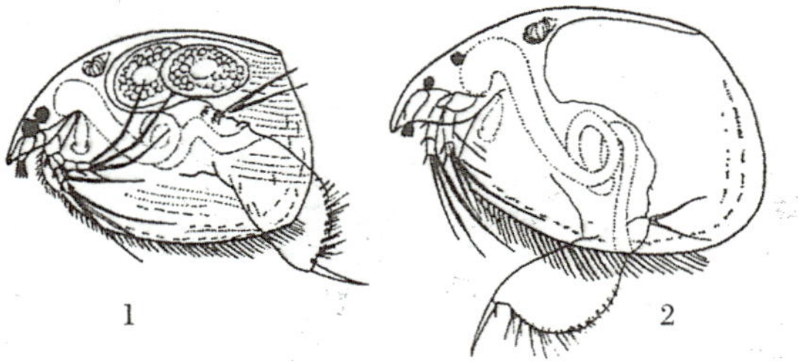

图 2-56 大尾溞属

1. 粗刺大尾溞 *L. leydigia*；2. 无刺大尾溞 *L. acanthocercoides*

23(22) 尾爪无基刺，单眼比复眼大 1 倍 ……………………………… 无刺大尾溞(*L. acanthocercoides*)(图 2-56-2)

24(21) 后腹部不很宽，尾爪基部只有 1 个爪刺 ……………………………… 尖额溞属(*Alona*)(图 2-57)

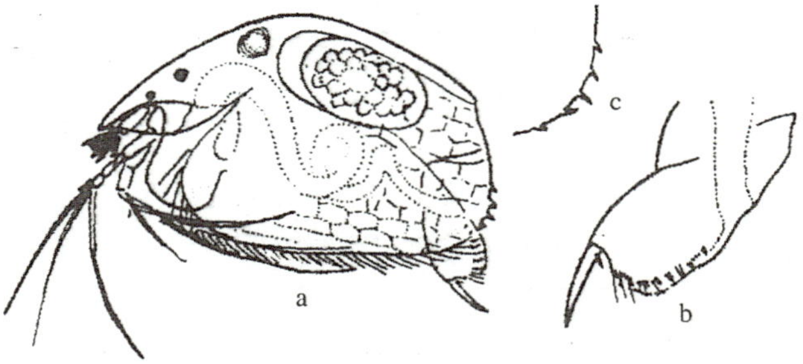

图 2-57 广西尖额溞 *A. kwangsiensis*

a. 整体；b. 后腹部；c. 壳瓣后缘下部，示棘刺

25(12) 壳瓣后缘低，通常达不到壳瓣最高部位的一半；尾爪基部大多有 2 个或 3 个爪刺。极少数为 1 个(靴尾溞属) ……………………………… 盘肠溞亚科(Chydorinae)

26(27) 单眼与复眼都特别大；第 1 触角本身显然突出于吻尖之外 ……………………………… 独特溞属(*Dadaya*)(图 2-58-1)

27(26) 单眼与复眼中等大小；第 1 触角本身较短，不会超过吻尖，只有末端的嗅毛突出于吻尖之外。

28(31) 体狭长，体长显然大于壳高。

29(30) 吻短而钝 ……………………… 锐额溞属(*Alonella*)(图 2-58-2)

30(29) 吻长而尖,第 2 触角内外共有 8 根游泳刚毛;头甲向后延伸几乎达到壳瓣的中部 …………… 平直溞属(*Pleuroxus*)(图 2-59)

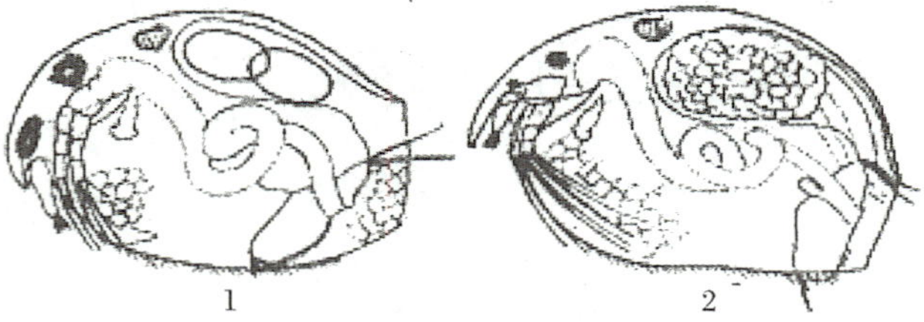

图 2-58 大眼独特溞 *D.macrops*(1)和镰角锐额溞 *A. excisa*(2)

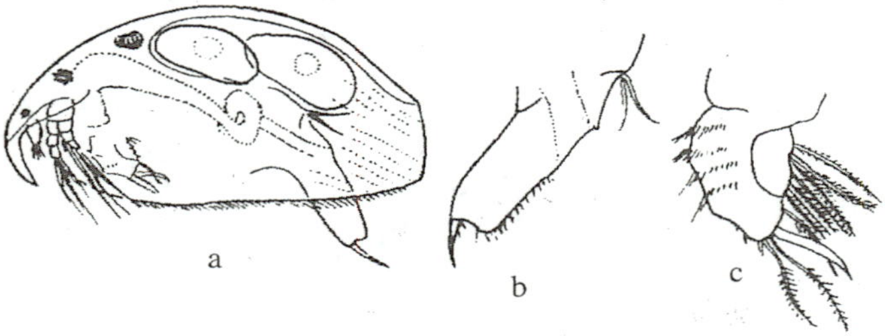

图 2-59 三角平直溞 *P. trigonellus*

a. 整体;b. 后腹部

31(28) 体短,多少呈圆球形。

32(33) 后腹部短而宽 ……………… 盘肠溞属(*Chydorus*)(图 2-60-1)

体长在 500μm 以下, 肛刺多于 10 个为卵形盘肠溞; 体长在 500μm 以上,肛刺 10 个以下,为圆形盘肠溞。

33(32) 后腹部长而狭 ……… 伪盘肠溞属(*Pseudochydorus*)(图 2-60-2)

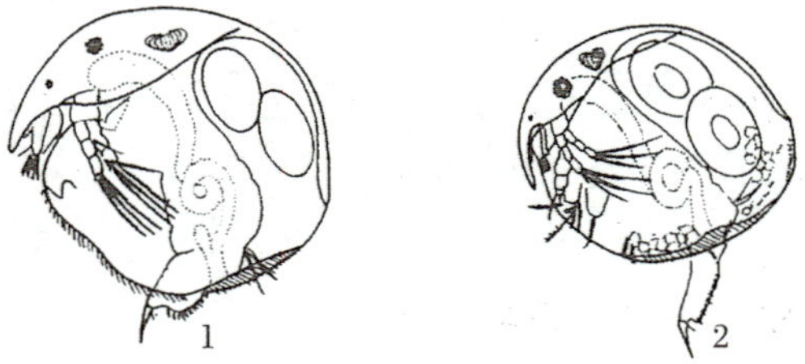

图 2-60 卵形盘肠溞 *C.ovalis*(1)和球形伪盘肠溞 *P. globosus*(2)

34(9) 第 2 触角外肢 4 节(除基合溞属 3 节外),内肢 3 节;肠管大多不盘曲,其后部无盲囊。

35(38) 第 1 触角呈吻状尖突,不能活动;嗅毛位于靠近第 1 触角基部的前侧 ………………………………… 象鼻溞科(Bosminidae)

35(37) 第 2 触角外肢 4 节,内肢 3 节,第 1 触角基部不并合,无颈沟 ……………………………… 象鼻溞属(*Bosmina*)(图 2-61)

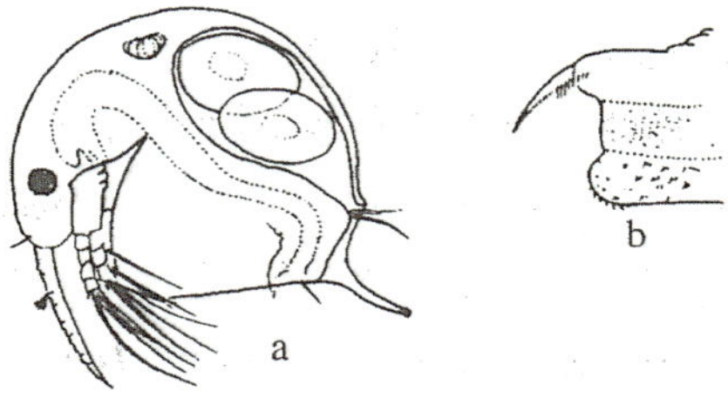

图 2-61 简弧象鼻溞 *B.coregoni*

a. 整体;b. 后腹部

37(36) 第 2 触角外肢和内肢均分 3 节,第 1 触角基部并合,具颈沟 …… ……………………………… 基合溞属(*Bosminopsis*)(图 2-62)

38(35) 第 1 触角不呈吻状尖突;嗅毛位于它的末端。

39(48) 壳弧非常发达,雌溞第 1 触角短小,不能活动 ………………… …………………………………………… 溞科(Daphniidae)

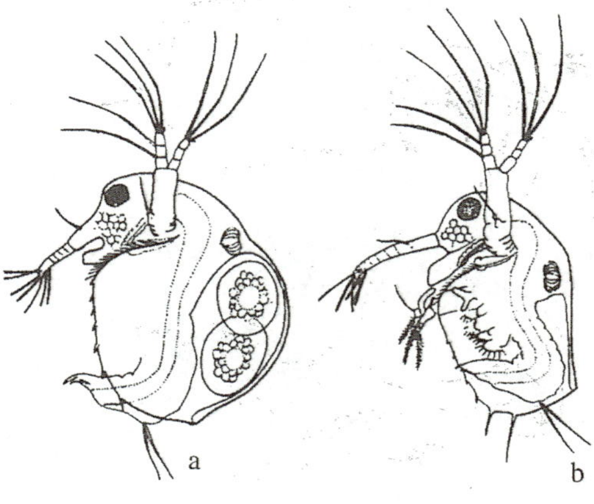

图 2-62 预沟基合溞 *B. deitersi*

a. 整体;♀;b. 整体,♂

………………………………………………………………………… 40(47) 有吻。

41(42) 壳瓣腹缘平直,后腹角有壳刺 ……………………………………

………………………… 船卵溞属(*Scapholeberis*)(图 2-63-1)

42(41) 壳瓣腹缘弧曲,后腹角浑圆。

43(44) 背面有脊棱,壳瓣后端有发达的壳刺 ……………………………

……………………………………………… 溞属(*Daphnia*)(图 2-64)

44(43) 背面无脊棱;壳瓣后端不形成壳刺。

45(46) 后腹部宽阔,前后宽度几乎相等,背侧肛门处深凹,肛门前形成突起 ………………………… 低额溞属(*Simocephalus*)(图 2-65)

46(45) 后腹部狭长,向尾爪逐渐削尖,背侧无深凹,肛门前不形成突起

……………………………… 拟溞属(*Daphniopsis*)(图 2-63-2)

47(40) 无吻 …………………………… 网纹溞属(*Ceriodaphnia*)(图 2-66)

48(39) 壳弧不发达或缺少;雌雄两性的第一触角长而能动。

49(52) 后腹部上肛刺的周缘有羽状刚毛,最末 1 个肛刺分叉 ………

…………………………………………………… 裸腹溞科(*Moinidae*)

50(51) 头部高,近乎三角形;有单眼;颈沟浅;后腹部完全包藏于壳瓣内

………………………… 拟裸腹溞属(*Moinodaphnia*)(图 2-67)

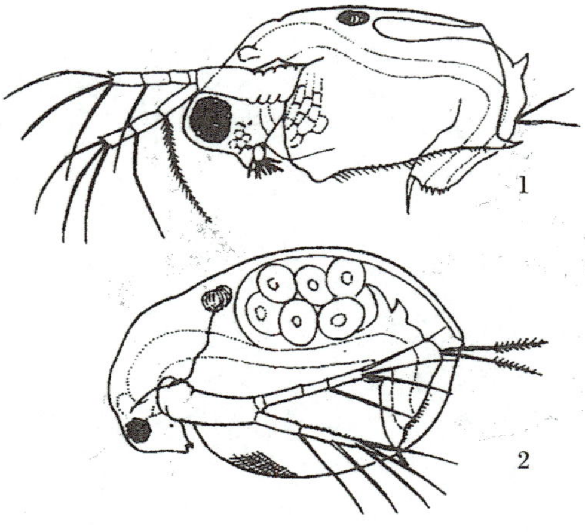

图 2-63 平突船卵溞 *S. mucronata*(1);和西藏拟溞 *D. tibetana*(2)

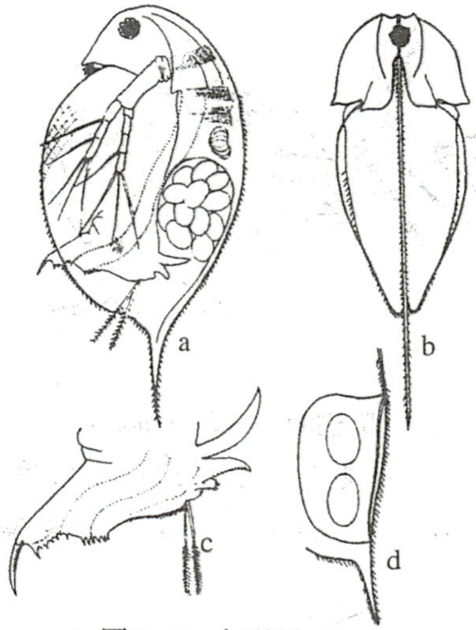

图 2-64 大型溞 *D. magna*

a. 整体，侧面观；b. 整体，背面观；c. 后腹部；d. 卵鞍

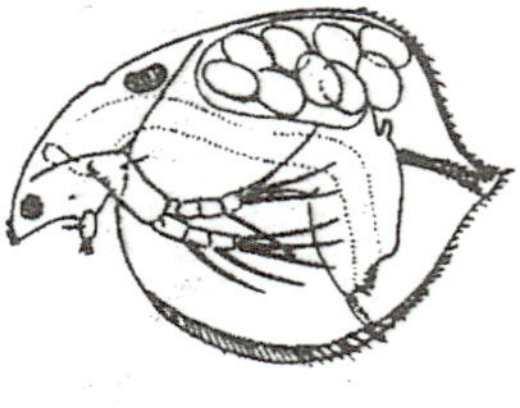

图 2-65 锯顶低额溞 *S. serrulatus*

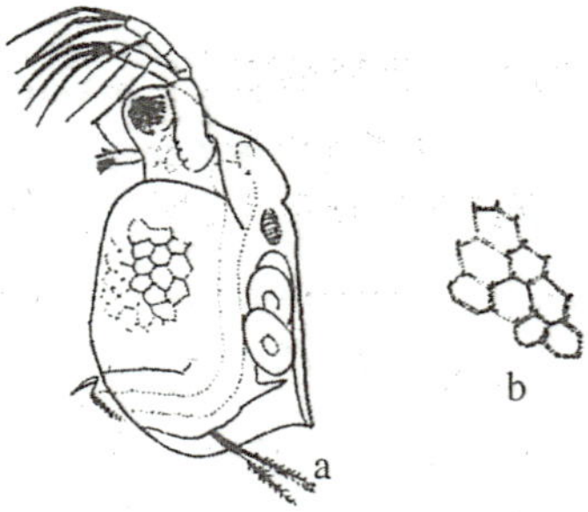

图 2-66 棘体网纹溞 *C. setosa*

a. 整体；b. 壳瓣花纹交叉处有棘

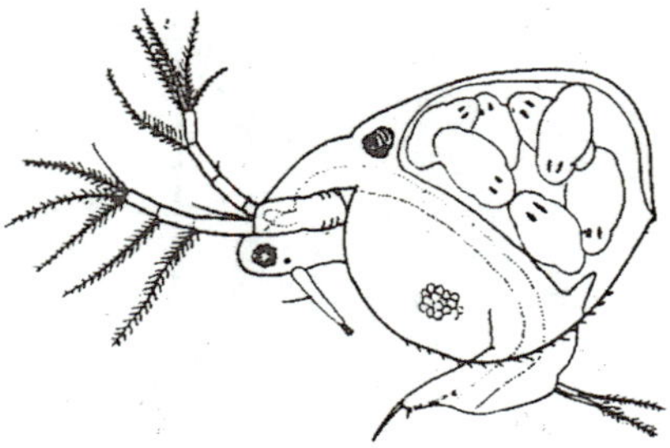

图 2-67 双态拟裸腹溞 *M. macleayii*

51(50) 头部低,不呈三角形;通常无单眼;颈沟深;后腹部露出于壳瓣之外裸 ………………………………… 腹溞属(*Moina*)(图 2-68)

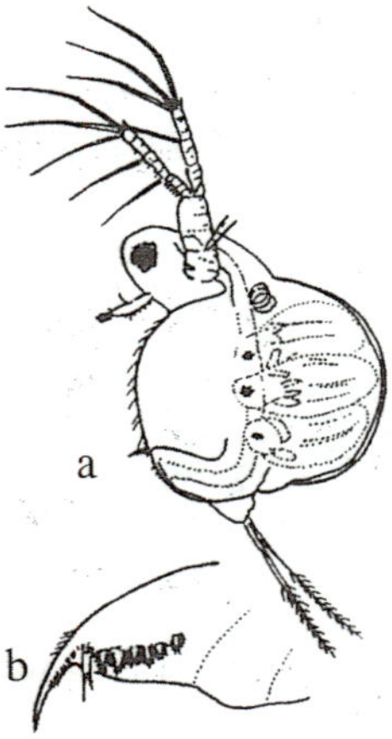

图 2-68 微型裸腹溞 *M. micrura*

a. 整体;b. 后腹部

52(49) 后腹部上肛刺的周缘无羽状刚毛,最末 1 个肛刺不分叉 ………………………………… 粗毛溞科(Macrothricidae)

53(54) 尾爪长度与第 1 触角几乎相等,并有长的爪刺 ………………… ………………………………… 泥溞属(*Ilyocryptus*)(图 2-69)

54(53) 尾爪长度比第 1 触角的一半还短,爪刺短小或缺。第 2 触角游泳刚毛式:(0-0-1-3)/(1-1-3),壳瓣不褶入腹腔 ………… ………………………………… 粗毛溞属(*Macrothrix*)(图 2-70)

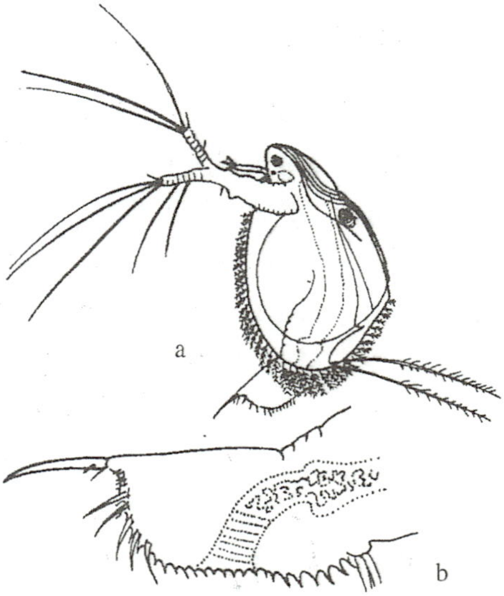

图 2-69 底栖泥溞 *I. sordidus*

a. 整体♀;b. 后腹部

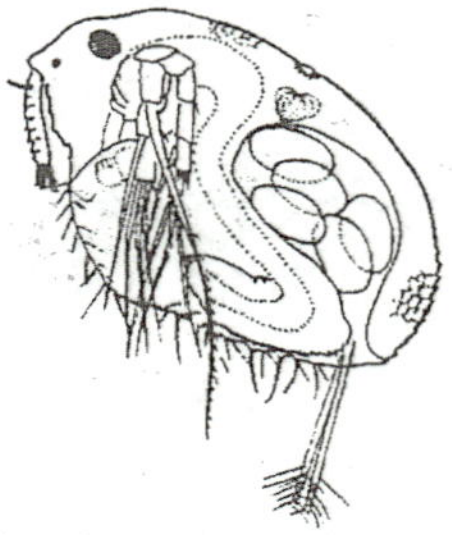

图 2-70 粉红粗毛溞 *M. rosea*

五、淡水桡足类常见类群的分类检索

桡足类隶属于节肢动物门甲壳纲桡足亚纲。目前大多数作者仍采用萨斯(Sars,1901-1904)的分类系统。本书采用《中国动物志》节肢动物门甲壳纲淡水桡足类分类系统和附图。

本亚纲共分 7 目,在浮游动物中较为重要的是哲水蚤目 Calanoida 和剑水蚤目 Cyclopoida。

哲水蚤目科、属、种检索表

1(4) 雌性第5胸足具羽状刚毛,游泳型,外肢第2节的内后角向后延伸成一粗壮的棘状齿。雄性第5对胸足通常亦是游泳型 ……………………………………………… 胸刺水蚤科(Centropagidae)

2(3) 雌性第5胸节两后侧角扩展成翼状,腹部分3节;雄性第5右胸足的内肢通常退化 ………… 贝克水蚤属(*Boeckella*)(图2-71-1)

3(2) 雌性第5胸部后侧角不呈翼状,腹部分4节;雄性第5右胸足的内肢分3节 ……………… 华哲水蚤属(*Sinocalanus*)(图2-71-2)

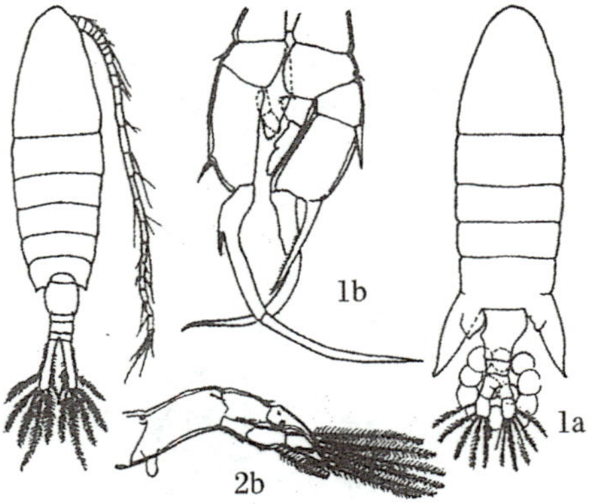

图2-71 贝克水蚤属和华哲水蚤属

1.东方贝克水蚤 *B. orientalis*(a.整体♀;b.第5胸足,♂);

2.汤匙华哲水蚤 *S. dorrii*(a.整体,♀;b.第5左胸足,♂)

4(1) 雌、雄性的第5对胸足非游泳型。

5(8) 雌性第5对胸足单肢型,无内肢。雄性第5左胸足第2基节的内侧有1长刀片状的突出物 ………………………………………………伪镖水蚤科(Pseudodlaptomidae)——许水蚤属(*Schmackeria*)

6(7) 长刀片状突出物的后缘基部处具1三角形齿。左胸足外肢第2节的内缘具1球状突起。雌性尾刚毛等粗 ……………………………………………… 球状许水蚤(*S. forbesi*)(图2-72-1)

7(6) 长刀片状突出物的后缘近中部处具1三角形齿。左胸足外肢第2节的内缘具1指状突起。雌性的尾刚毛以居中的1根较粗 ……
……………………………… 指状许水蚤(*S. inopinus*)(图2-72-2)

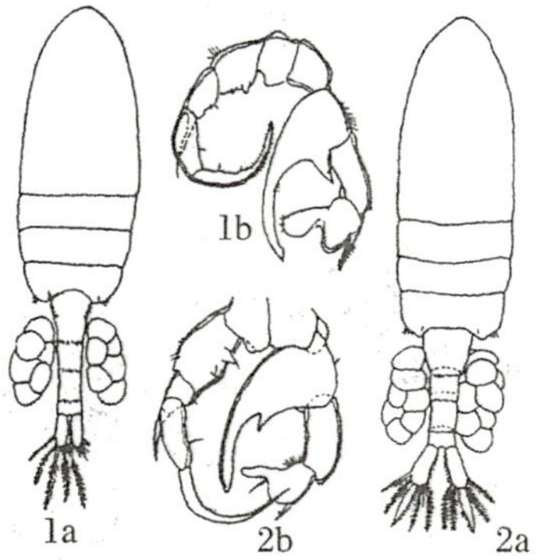

图2-72 许水蚤属

1. 球状许水蚤 *S. forbest*(a. 整体,♀;b. 第5对胸足,♂);

2. 指状许水蚤 *S. inopinus*(a. 整体,♀;b. 第5对胸足,♂)

8(5) 雌性第5对胸足双肢型,内肢不发达,1或2节;雄性第5对胸足左右不同形。左足较短小,末端有钳板和钳刺;右足强大,外肢第2节的外侧有1侧刺,末端有1长的钩状刺 ……………………
……………………………………………… 镖水蚤科(Diaptomidae)

9(12) 雄性第5右胸足外肢第1节的外末角尖锐,第2节的侧刺位于外缘的中部 …………………………… 新镖水蚤属(*Neodiaptomus*)

10(11) 第4、5胸节间无细刺列。雌性第5胸节的左后侧角不狭长,生殖节的右侧缘极为扩展;第5胸足爪状刺的外缘无齿或仅1~3个齿。雄性执握肢倒数第3节的指状突的长度仅相当于末第2节的长;第5右胸足外肢第2节侧刺长而粗。执握肢末3节指状突出的长度与末2节相仿 ……………………………
………………… 右突新镖水蚤(*N. schmackeri*)(图2-73-1)

11(10) 第4、5胸节间有细刺列。雌性第5胸节的左后侧角狭长,生殖节的右侧缘仅略为隆起,第5胸足爪状刺的外缘有1列细锯齿;雄性执握肢倒数第3节的指状突起约相当于最末2节长度之和,第5右胸足外肢第2节侧刺较短而细 …………………

.... 长江新镖水蚤(*N. yangtsekkiangensis*)(图 2-73-2)

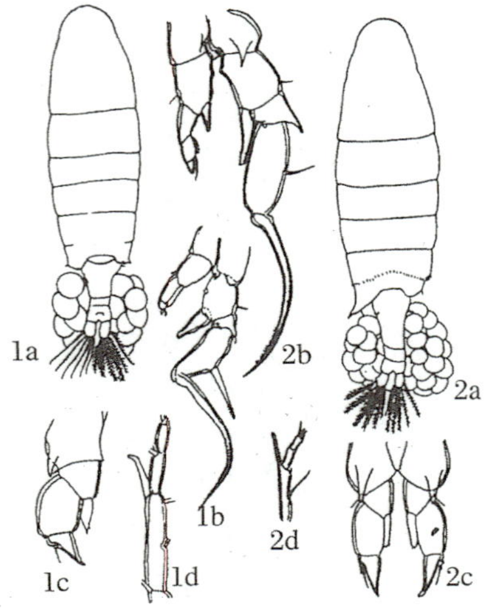

图 2-73 新镖水蚤属

1. 右突新镖水蚤 *A. schmackeri*(a. 整体,♀;b. 第 5 对胸足,♂;c. 第 5 对左胸足,♀;d. 执握肢末 3 节);2. 长江新镖水蚤 *N. yanglselsekiangensis*(a. 整体,♀;b. 第 5 对胸足,♂;c. 第 5 对左胸足,♀;d. 执握肢末 3 节)

12(9) 雄性第 5 右胸足外肢第 1 节的外末角圆钝,第 2 节的侧刺位于外缘的中部或不在中部。

13(18) 雄性第 5 右胸足外肢第 1 节的宽度大于长度。

14(17) 雄性第 5 右胸足外肢第 2 节的侧刺位于外缘的基半部或中部。

15(16) 雄性第 5 右胸足内肢呈短条状 ······ 明镖水蚤属(*Heliodiaptomus*)

执握肢倒数第 3 节的指状突起的外缘有细缺刻,第 5 右胸足外肢第 2 节背面的突起靠近基部 ....

.... 锯齿明镖水蚤(*H. serratus*)(图 2-74-1)

16(15) 雄性第 5 右胸足内肢呈三角形 ....

.... 蒙镖水蚤属(*Mongolodiaptonus*)

雄性执握肢倒数第 3 节指状突出的外绦无锯齿;第 5 右胸足外肢第 2 节窄长 ....

.... 锥肢蒙镖水蚤(*M. birulai*)(图 2-74-2)

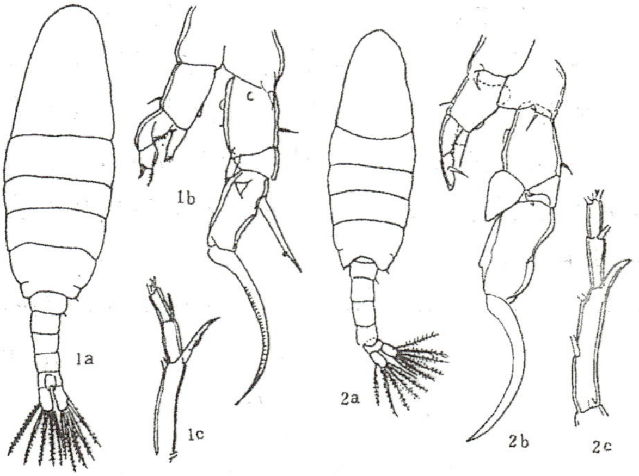

图 2-74 明镖水蚤属和蒙镖水蚤属常见种

1. 锯齿明镖水蚤 *H. serrdus*（a. 整体；b. 第 5 胸足，♂；c. 执握肢末 3 节）；

2.锥肢蒙锯水蚤 *M. birudai*（a. 整体；b. 第 5 胸足，♂；c. 执握肢末 3 节）

17(14) 雄性第 5 右胸足外肢第 2 节的侧刺位于外缘的近末端处。内肢 ……………… 十分发达呈半月状原镖水蚤属(*Eodiaptomus*)

——中华原镖水蚤(*E. inensis*)(图 2-75)

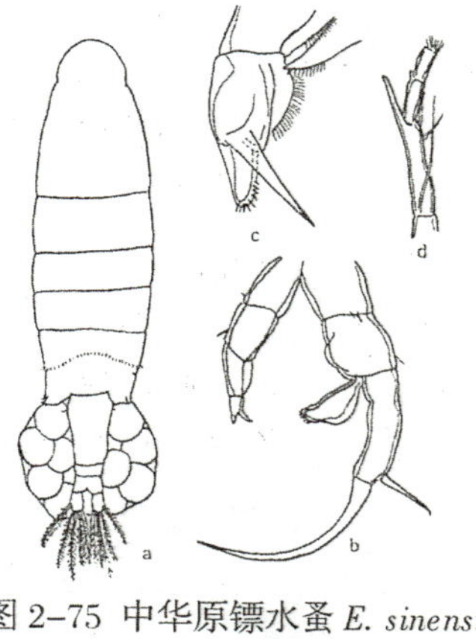

图 2-75 中华原镖水蚤 *E. sinensis*

a. 整体，♀；b. 第 5 对胸足，♂；c. 第 5 左胸足内外肢的末部，♀；d. 执握肢末 3 节

18(13) 雄性第 5 右胸足外肢第 1 节的宽度小于长度。

19(22) 雄性第 5 右胸足外肢第 2 节的侧刺位于外缘中部处或基半部。

20(21) 雄性第 5 右胸足内肢呈窄条状，它的末端抵达或超过外肢第 1 节的后缘 ……………………… 荡镖水蚤属(*Neutrodiaptomus*)

雌性生殖节右侧的隆起部位有1个指向背方的突起（侧面观），顶端有刺。雌性第五胸节左后侧角的背部向上方隆起成1条脊；第5胸足的内肢显著短于外肢的第1节 ………………… 特异荡镖水蚤(*N. incongruens*)(图2-76-1)

21(20) 雄性第5右胸足内肢呈舌状，它的末端不超越外肢第1节的中部；外肢第2节的中部较宽，侧刺短小 ………………………………………………… 舌镖水蚤属(*Ligulodiaptomus*)

——翼突舌镖水蚤(*L. alatus*)(图2-76-2)

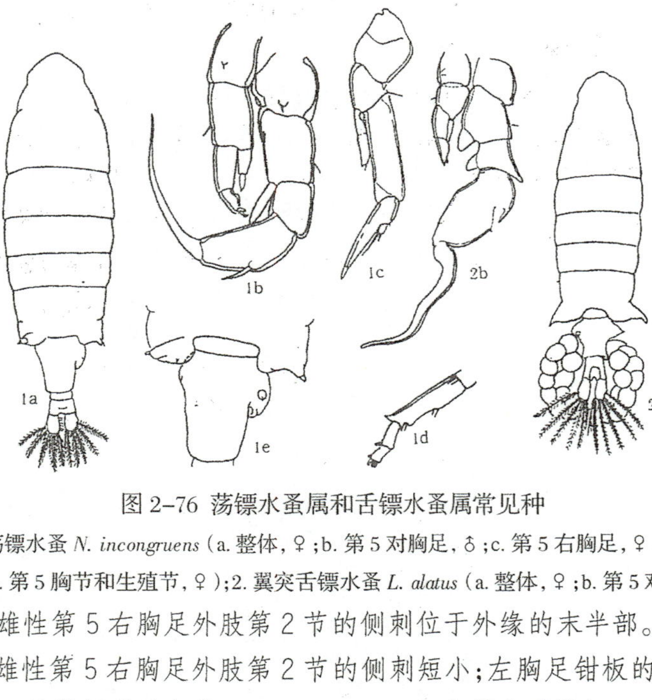

图2-76 荡镖水蚤属和舌镖水蚤属常见种

1. 特异荡镖水蚤 *N. incongruens*（a. 整体，♀；b. 第5对胸足，♂；c. 第5右胸足，♀；d. 执握肢末3节；e. 第5胸节和生殖节，♀）；2. 翼突舌镖水蚤 *L. alatus*（a. 整体，♀；b. 第5对胸足，♂）

22(19) 雄性第5右胸足外肢第2节的侧刺位于外缘的末半部。

23(24) 雄性第5右胸足外肢第2节的侧刺短小；左胸足钳板的表面具横的梯级状隆起线 ………………… 中镖水蚤属(*Sinodiaptomus*)

雄性第5右胸足外肢第2节的侧棘短小，不超越节的末端 ……………………… 大型中镖水蚤(*S.sarsi*)(图2-77-1)

24(23) 雄性第5右胸足外肢第2节侧棘较长，左胸足钳板末缘具锯齿 ………………………………… 近镖水蚤属(*Tropodiaptomus*)

执握肢的指状突出光滑。雌性第4胸节的背面无距状刺，第

5胸足的内肢可达外肢第1节的末部 ……………………
…………………… 米粒近镖水蚤(*T. oryzanus*)(图2-77-2)

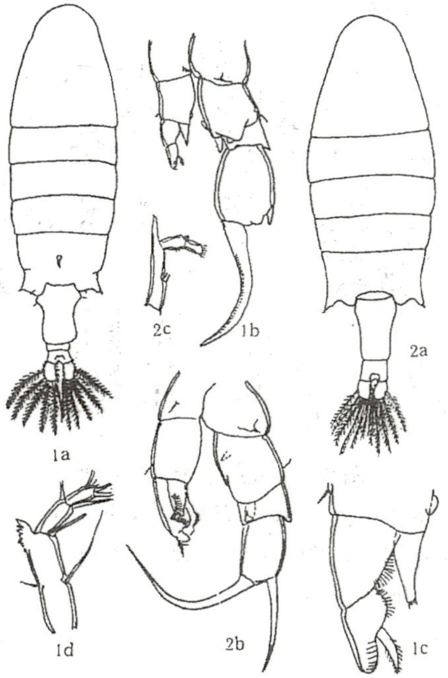

图2-77 中镖水蚤属和近镖水蚤属常见种

1. 大型中镖水蚤 *S. sarsi*(a:整体;b:第5对胸足,♂;c:第5对左胸足内外肢,♂;d:执握肢末3节);2. 米粒近镖水蚤 *T. oryzanus*(a:整体,♀;b:第5对胸足,♂;c:执握肢末3节)

剑水蚤目属、种的检索表

本目在淡水浮游动物中较为常见的只有剑水蚤科。

1(8) 雌性第5胸足第2节具1刺2刚毛,第5胸节侧缘具刚毛 ……
………………………………………… 真剑水蚤亚科(Eucyclopinae)

2(5) 个体大而粗壮,第1触角分17节 …… 大剑水蚤属(*Macrocyclops*)

3(4) 雌性第4胸足内肢第3节内缘上的第2刚毛发达,内外缘共具刚毛3根。尾叉内缘具稀疏的短刚毛 ……………………………
…………………… 闻名大剑水蚤(*M. distinctus*)(图2-78-1)

4(3) 雌性第4胸足内肢第3节内缘上的第2根刚毛退化呈短刺状,内外缘共有刚毛 2 根。尾叉内缘无细刚毛 ……………………………
……………………… 白色大剑水蚤(*M.albidus*)(图 2-78-2)

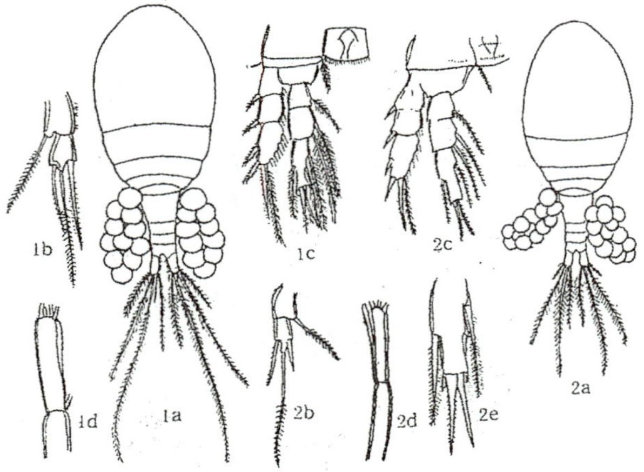

图 2-78 大剑水蚤属常见种

1. 闻名大剑水蚤 *M. distinctus*(a. 整体;b. 第 5 胸足;c. 第 4 胸足;d. 第 1 触角末 2 节);
2. 白色大剑水蚤 *M. albidus*(a. 整体;b. 第 5 胸足;c. 第 4 胸足;d. 内肢末节)

5(2) 个体中等大小,第 1 触角分 6~12 节。

6(7) 第 1 触角分 12 节,约与头胸部等长或较长。尾叉的长度不及宽度的 3 倍,外缘无 1 列细刺 …………… 近剑水蚤属(*Tropocyclops*)

第 1 至 4 胸足外肢第 3 节刺式为 3·4·4·3。第 5 胸足内刺长大。第 4 胸足内肢第 3 节的长度约为宽度的 3 倍以下 ……
……………………… 绿色近剑水蚤(*T. prasinus*)(图 2-79-1)

7(6) 第 1 触角分 6~11 节。第 5 胸足宽大,部分与第 5 胸节愈合具 2刺 1 刚毛 …………………………………… 外剑水蚤属(*Ectocyclops*)

第 5 胸足内刺显然长于中刺及外刚毛,生殖节背面无角状横脊。第 1 至 4 胸足外肢第 3 节刺式为 3·4·4·3 ………………
……………………… 胸饰外剑水蚤(*E.phaleratus*)(图 2-79-2)

8(1) 雌性第 5 胸足第 2 节具 1刺 1 刚毛,第 5 胸节侧缘无刚毛 ……
…………………………………………… 剑水蚤亚科(Cyclopinae)

9(20) 第 5 胸足分 2 节。

10(15) 尾叉较长,表面具纵脊或侧缘具缺刻。

11(14) 尾叉表面具1纵脊。第五胸足末节内缘中部处具1壮刺,其基部大都具小刺 ………………………………… 剑水蚤属(*Cyclops*)

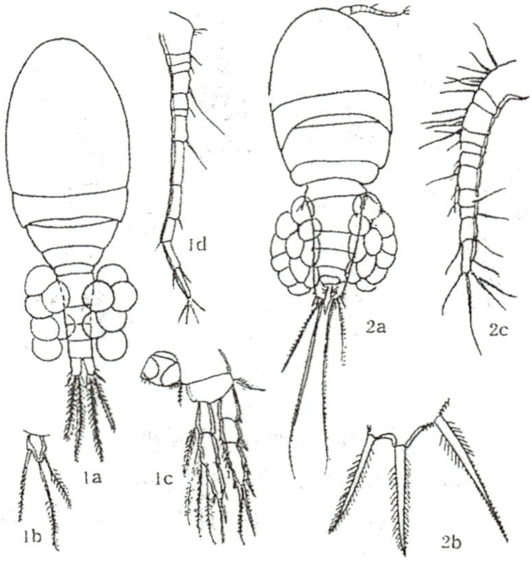

图 2-79 近剑水蚤属和外剑水蚤属常见种

1. 绿色近剑水蚤 *T. prasinus*(a. 整体;b. 第五胸足;c. 第四胸足;d. 第一触角);
2. 胸饰外剑水蚤 *E. phaleratus*(a. 整体;b. 第五胸足;c. 第一触角)

12(13) 第1至4胸足外肢第3节刺式为3·4·3·3 ……………………………………………… 英勇剑水蚤(*C. strenuns*)(图 2-80-1)

13(12) 第1至4胸足外肢第3节刺式为2·3·3·3。第4胸节的后侧角呈一般的三角形 …… 近邻剑水蚤(*C. vicinus*)(图 2-80-2)

14(11) 尾叉侧缘近基部处具1缺刻。第5胸足末节内缘具1小刺或内末缘具1长刺 ……………… 刺剑水蚤属(*Acanthocyclops*)

第5胸足基节扩张宽大。第4胸足内肢第3节末端两刺短于节本部 ……………………………………………… 草绿刺剑水蚤 *A.*(*Megacyclops*) *viridis*(图 2-81-1)

15(10) 尾叉较短,表面无纵脊,侧缘亦无缺刻。

16(17) 第5胸足末节内刺位于内缘中部 …… 中剑水蚤属(*Mesocyclops*)

体型中等大小,雌体长1mm左右,尾叉的长度约为宽度的3倍 …………………… 广布中剑水蚤(*M. leuckarti*)(图 2-81-2)

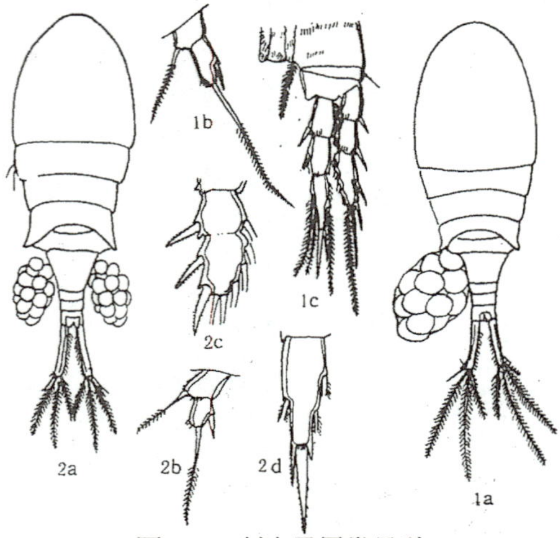

图 2-80 剑水蚤属常见种

1. 英勇剑水蚤 *C. strenuns*（a. 整体；b. 第 5 胸足；c. 第 4 胸足）2. 近邻剑水蚤 *C .vicinus*（a. 整体；b. 第 5 胸足；c. 第 1 胸足外肢末 2 节；d. 第 4 胸足内肢末节）

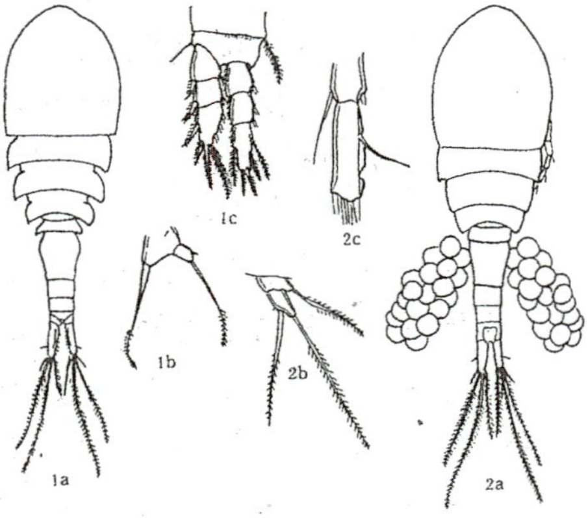

图 2-81 刺剑水蚤属和中剑水蚤属常见种

1. 草绿刺剑水蚤 *A.*（*Megacyclops*）*viridis*（a. 整体；b. 第 5 胸足；c. 第 1 触角末节）；
2. 广布中剑水蚤 *M. leuckarti*（a. 整体；b. 第 5 胸足；c. 第 1 触角末节）

17(16) 第 5 胸足末节内刺位于末缘 ········ 温剑水蚤属（*Thermocyclops*）

18(19) 第 4 胸足内肢末节的内刺约为外刺长的 3.5 倍以上 ············ ······················ 台湾温剑水蚤属（*Taihokuensis*）（图 2-82-1）

19(18) 第 4 胸足内肢末节的内刺约为外刺长的 2 倍 ···················· ···························· 透明温剑水蚤（*T. hyalinus*）（图 2-82-2）

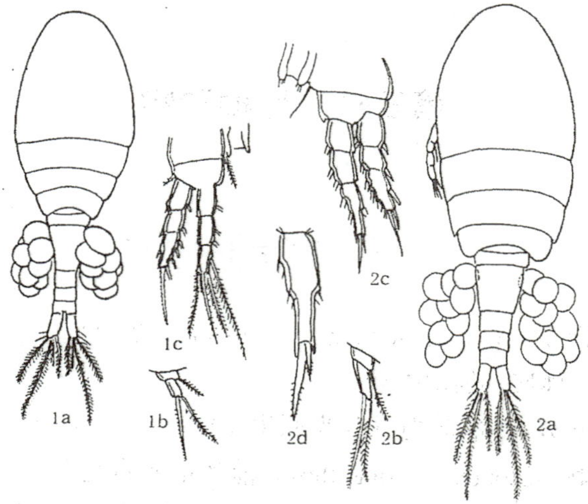

图 2-82 温剑水蚤属常见种

1. 台湾温剑水蚤 *T. taihokuensis*(a. 整体;b. 第 5 胸足);2.透明温剑水蚤 *T. hyalinus*(a. 整体;b. 第 5 胸足;c. 第 4 胸足;d. 第 4 胸足内肢末节)

20(9) 第 5 胸足基节与第 5 胸节愈合,仅存 1 节。

21(22) 第 5 胸足呈圆柱形,内刺退化,仅末端具明显的刚毛 1 根 ……………………………………………… 小剑水蚤属(*Microcyclops*)

第 1 触角分 12 节。尾叉的长度约为宽度的 5 倍以下。第 4 胸足内肢第 2 节末端的内刺呈披针形 ……………………………………… 跨立小剑水蚤(*M. varicans*)(图 2-83)

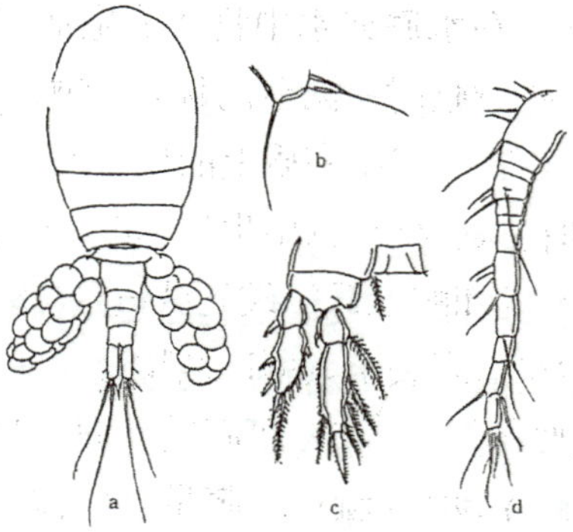

图 2-83 跨立小剑水蚤 *M. varicans*

a. 整体;b. 第 5 胸足;c. 第 4 胸足;d. 第 1 触角

第三章　底栖动物

第一节　底栖动物简介

底栖动物(zoobenthos 或 benthic animal)是指生活史的全部或大部分时间生活于水体底部的水生动物群。

按起源来分,底栖动物可分为原生底栖动物(primary zoobenthos)和次生底栖动物(secondary zoobenthos),前者指能直接利用水中溶解氧的种类,包括常见的蠕虫、底栖甲壳类、双壳类软体动物等;后者为由陆地生活的祖先在系统发生过程中重新适应水中生活的动物,主要包括各类水生昆虫、软体动物中的肺螺类(Pulmata)如椎实螺等。

按动物体大小,可将底栖动物划为以下三种类型:不能通过500μm孔径筛网的动物称为大型底栖动物(macrofauna);能通过500μm孔径筛网但不能通过42μm孔径筛网的动物为小型底栖动物(meiofauna);能通过42μm孔径筛网的动物为微型底栖动物(nanofauna)。

按底栖动物的生活方式,常见种类一般可分为以下三种类型。

(1)固着动物:固着在水底或水中物体上生活,如海绵、水螅、淡水壳菜、苔藓虫等。另有一些营临时性固着的种类,如蛭类具有吸盘,而一些摇蚊以及石蛾幼虫则常具有固定于底质上的巢、管等。

(2)穴居动物:埋在水底沉积物中生活,如大部分的水生线虫、颤蚓科寡毛类、双壳类的淡水蚬和蚌以及摇蚊类昆虫幼体等。

(3)攀爬动物:指在水底底质表面以及攀缘于水底突出物或水草等生物上生活的动物,主要包括:①在水底底质表面的攀爬动物,常见种类包括扁形动物(涡虫)、腹毛动物(鼬虫)、腹足类软体动物(环棱螺、圆田螺、椎实螺、扁卷螺等)以及甲壳类的各种蟹类(常见的克氏原螯虾也属于此类),另外一些水生昆虫(蜻蜓的幼虫以及田鳖等)也属于该类型。②在水底突出物和植物表面生活的攀爬动物,如腹足类觽螺科(钉螺、沼螺等)、田螺科以及肺螺亚纲的椎实螺和扁卷螺等；一些淡水线虫和水生寡毛类如仙女虫等。③活动能力较强、善于主动游泳而且有较广活动范围的攀爬动物，如龙虱和常见虾类，由于它们的主要栖息生境仍为水底，所以也称为自由底栖动物。

第二节 主要类群及其标本的采集、保存和分类检索

一、腔肠动物

腔肠动物（Coelenterate）身体一般为辐射对称体型，这是对固着或在水中漂浮生活的适应。腔肠动物具有真正的内、外两胚层，在内、外两胚层之间有非细胞结构的中胶层。内胚层细胞围成一个原始的消化循环腔（即在胚胎发育过程中的原肠腔）。腔肠动物还出现了原始的组织分化，如上皮肌肉细胞、网状神经系统等。腔肠动物约有 9000 种，淡水中常见的如水螅（*Hydra*）。

（一）水螅标本的采集和保存

水螅常栖息在水流缓慢、水草丰富的清水池塘或河流中。采集时，先在水桶或搪瓷盘中盛水，然后用镊子自池塘或河流中夹取水生植物的茎叶放入水桶或搪瓷盘中，静止片刻待水螅的身体和触手漫漫伸展开后，细心观察即可找到水螅。

把采集到的水螅用玻璃吸管吸入表面皿或载玻片上，待其伸展后，将略微加热（60–80℃）的布恩氏固定液用注射器自水螅基部向触手方向迅速注射麻醉和固定水螅，再放入布恩氏液中保存。

（二）淡水水螅常见类群的分属检索

淡水水螅常见类群分属检索表

1. 触手短于体长，体呈淡绿色 ………………… 绿水螅属（*Chlorohrdra*）
   触手长于体长，体呈褐色或灰褐色 ………………………………… 2
2. 雌雄异体，柄部明显，刺丝纵卷 …………… 柄水螅属（*Pelmatohydra*）
   雌雄同体，柄无，刺丝前 3 圈横卷，其余纵卷 ……… 水螅属（*Hydra*）

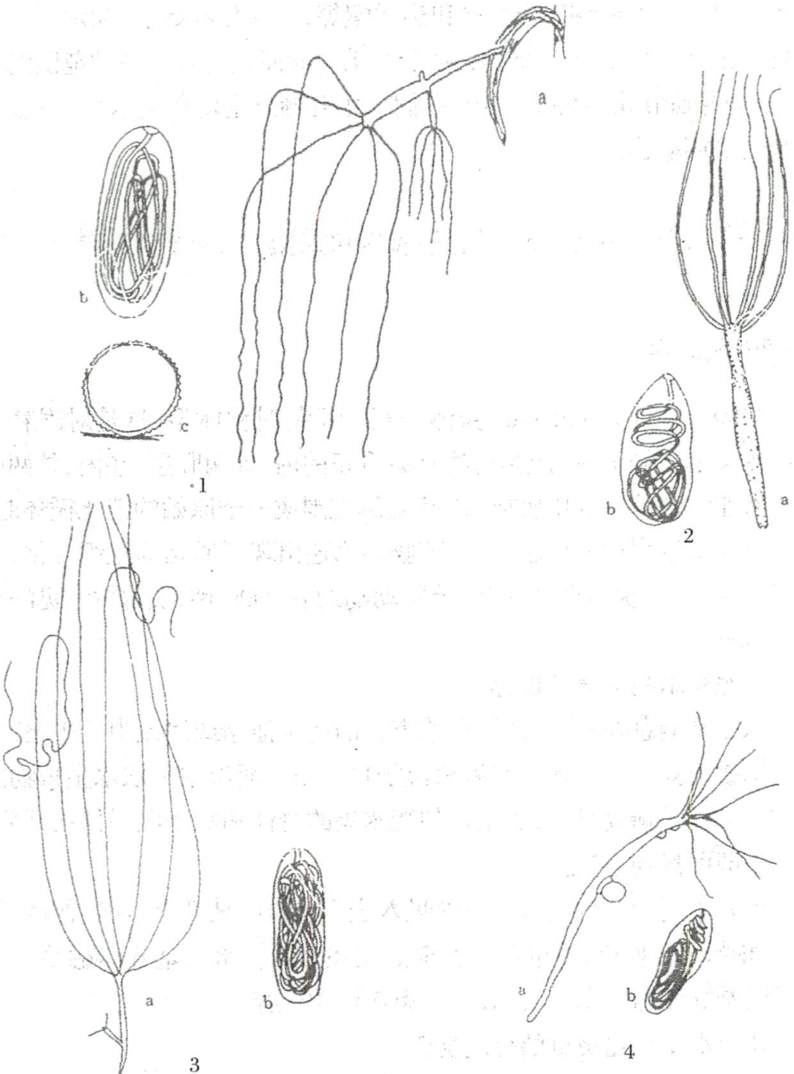

图 3–1 常见淡水水螅

1. 寡柄水螅 *Pelmatohydra*（a. 充分伸展状态；b. 钩刺丝囊；c. 胚壳）

2. 普通水螅 *Hydra vulgaris*（a. 伸展状态；b. 钩刺丝囊）

3. 强壮水螅 *Pelmatohydra robusta*（a. 充分伸展状态；b. 钩刺丝囊）

4. 绿水螅 *Chlorohrdra viridissima*（a. 具精巢和卵巢的个体；b. 钩刺丝囊）

二、扁形动物(Platyhelminthes)

扁形动物是低等的三胚层无体腔动物,具有两侧对称体型,出现了中胚层。皮肤肌肉囊、梯状神经系统、消化系统、生殖系统等重要器官系统开始分化出来,并出现了以焰细胞为主体的原肾管排泄系统。扁形动物门约有6000种,淡水中常见的各种涡虫,如大口涡虫、中口涡虫、微口涡虫常分布在一些湖泊池塘底部;三角涡虫主要分布在一些溪流中,但在一些水质较好的湖泊和池塘中也能发现它的踪迹。

(一)标本的采集和制作

采集涡虫纲的动物,可在溪流之石下寻找。采集时,用手拣起石块,翻看其底面是否有爬行的涡虫,发现涡虫后,轻轻用毛笔逆涡虫运动的方向将其刷入采集瓶中。

涡虫身体柔软,收缩力强,标本制作之前必须先进行麻醉。具体步骤如下:

(1)将采集到的涡虫置于水中,以50%酒精逐滴滴下,每隔1~2min注入一滴,一直到溶液酒精浓度达到10%为止;

(2)等麻醉到以毛笔触动涡虫而其毫无反应时,即可用毛笔将其挑在玻璃板上放平,然后用毛笔将其刷直,并用吸管滴加数滴70%的酒精,再以另一片玻璃压平,并用棉线结扎玻片;

(3)玻璃片结扎好后,随即浸入70%酒精内固定2~3h;固定后将玻片结扎线剪断,将压平之涡虫保存于70%的酒精内。

(二)我国常见淡水涡虫的分类检索

我国的淡水涡虫目前已知约10属20余种,分别隶属于单肠目(Rhabdocoela)、切头目(Temnocephaloda)和三肠目(Tricladida)。

单肠目:小型涡虫,体长1~10mm,多数海产,少数生活于淡水中,极少数栖息于潮湿的土壤中。具有简单的咽和位于体中央囊状的肠;有输卵管,卵黄腺有或无。

切头目:该目涡虫多栖息于热带、亚热带地区,我国仅在福建记载切头属(Temnocephala)1属1种。

三肠目:生活于海水、淡水或陆地上。体长2mm~50cm;咽具褶皱、管状;肠分3支,1支向前,2支向后,每支上各有许多分支;原肾管1对,卵巢1对,具分支的卵黄腺。

三肠目中,常见的种类多隶属于淡水亚目(Paludicola)。根据咽内肌肉排列差异,将淡水亚目分为三角涡虫科(Dugesiidae)、扁涡虫科(Planariidae)、枝肠涡虫科(Dendrocoelidae)和洞穴涡虫科(Kenkiidae)等四科。

我国常见淡水涡虫分科检索表

1. 咽内肌带由环肌和纵肌混合组成,或厚的内纵肌和薄的外环肌组成 ……………………………………………………… 枝肠涡虫科
   咽内肌带由厚的内环肌和薄的外纵肌组成,或厚的内环肌和薄的纵肌与环肌混合组成的外层组成 ……………………………………… 2
2. 体乳白色或半透明,无眼或盲眼,吸着器官发达 ……… 洞穴涡虫科
   体非乳白色或半透明,有眼点,无吸着器官 …………………………… 3
3. 头呈三角形 ……………………………………………………… 三角涡虫科
   头呈截顶状或弓形 ……………………………………………… 扁涡虫科

三、环节动物

环节动物(Annelida)身体为同律分节,具有真体腔;一些多毛类有疣足(parapodia),大多数种类无疣足而只具刚毛。本门动物约有35000种,多营自由生活。根据内陆地区高等院校生物学专业本科生无脊椎动物学野外实习的需要,在此仅介绍环节动物门寡毛纲(Oligochaeta)的有关实习内容。

(一)标本的采集和制作

用彼得生采泥器或埃可曼采泥器采集湖泊、池塘或河流的底泥,泥样用40目铜筛筛洗,洗下的残渣置于白搪瓷盘中进行分检。分检出的寡毛类用4%~10%的福尔马林固定、保存即可。

(二)常见类群的分类检索

常见水生寡毛类分属检索表

1. 通常进行无性生殖,芽体常能看到,雌雄生殖腺位于第10体节前

……………………………………………………………………… 2

通常不进行无性生殖，雄生殖腺位于第10体节，雌性位于第11体节（管状蚓除外，雄性和雌性生殖腺分别位于第6、7体节）…… 11

2. 全身扁平，多数体节因缺乏隔膜而分辨不清，体表具有带色泽的油点 ……………………………………………… 螺体虫(*Aeolosoma*)

身体不扁平，多数体节间有隔膜，体表无带色泽的油点 …………… 3

3. 背部完全没有刚毛，腹部在第3~5体节也没有刚毛 ……………………………………………… 毛腹虫(*Chaetogaster*)

背部有刚毛，腹部在第3~5体节也有刚毛 ………………………… 4

4. 有鳃，细长成丝形或成粗大的指形 ……………………………… 5

无鳃 …………………………………………………………… 7

5. 鳃细长，位于身体的背侧面 ………………… 头鳃蚓(*Branchidrilus*)

鳃较粗短，在身体后端的鳃窝里 …………………………………… 6

6. 窝的腹壁向后伸长成两条尾丝 ……………… 管盘虫(*Aulophorus*)

窝的腹壁后缘呈圆形或微凹，不向后延伸 …………… 尾盘虫(*Dero*)

7. 背部刚毛从第2节开始 ……………………………………… 8

背部刚毛从第5或第6节开始 …………………………………… 9

8. 唇向前延伸而成长吻 ………………………… 吻盲虫(*Pristina*)

唇呈圆形或仅略向前突不延伸而成长吻 ………… 短唇虫(*Naidium*)

9. 唇向前延伸而成长吻 ………………………… 杆吻虫(*Stylaria*)

唇呈不延伸成长吻 ………………………………………… 10

10. 身体表面有外附着物，又有感觉性的乳突带 …… 疣皮蚓(*Slavina*)

身体表面无外附着物和感觉性的乳突带 …………… 仙女虫(*Nais*)

11. 有鳃条在身体末端 ……………………… 尾丝蚓(*Branchiura*)

无鳃条 ………………………………………………………… 12

12. 雄性生殖腺在第6体节，雌性生殖腺在第7体节 ……………………………………………… 管状蚓(*Aulodrilus*)

雄性生殖腺在第10体节，雌性生殖腺在第11体节 ………… 13

13. 无储精囊 ………………………… 盘丝蚓(*Bothrioneurum*)

在第10体节有储精囊 ……………………………………… 14

14. 储精囊孔 1 个 ………………………………… 单孔蚓(*Monopylephorus*)
储精囊孔成对 ……………………………………………………………… 15
15. 雄性交接器有角质外鞘 ………………………… 水丝蚓(*Limnodrilus*)
雄性交接器无角质外鞘 ……………………………………………… 16
16. 无摄护腺 ………………………………………………… 泥蚓(*Ilyodrilus*)
有摄护腺 ………………………………………………… 颤蚓(*Tubifex*)

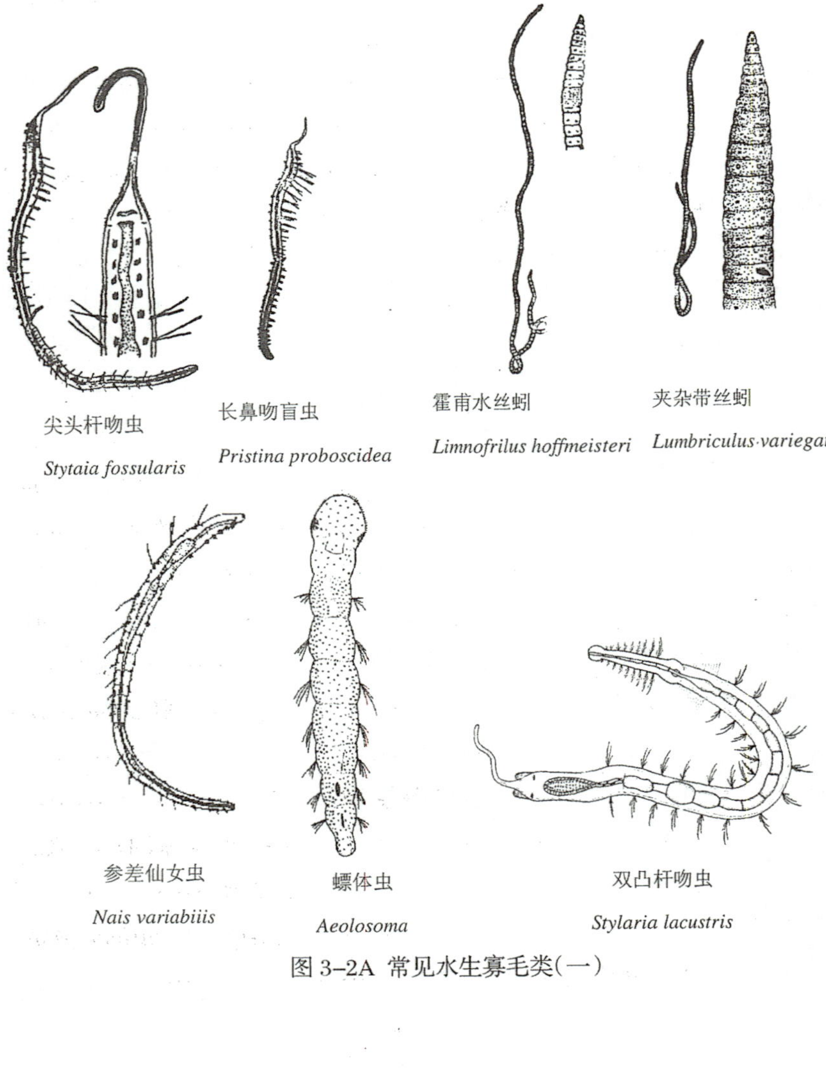

图 3–2A 常见水生寡毛类(一)

指鳃尾盘虫 *Dero digitata*　孟加拉毛腹虫 *Chaetogaster bengalensis*（整体及前端放大）　七鳃管盘虫 *Aulophorus tonkinensis*　中华颤蚓 *Tubifex snicus*（前端侧面观及解剖图）

图 3-2B 常见水生寡毛类(二)

四、软体动物

软体动物(Mollusca)具有不发达的真体腔。身体柔软,由头、足、内脏团组成。在身体背侧皮肤向下延伸成为外套膜,由它分泌出石灰质贝壳覆盖于体外,身体不分节。软体动物以鳃作为呼吸器官。淡水中的软体动物可供食用或可作鱼和家禽饵料或饲料以及人工育珠、药用等。但有些软体动物是寄生虫的中间寄主,如淡水腹足类的纹沼螺、钉螺、扁卷螺、椎实螺等。软体动物种类繁多, 分布广泛, 现存生物约有 11 万种, 此外还有 35000 种化石,是动物界中仅次于节肢动物的第二大门类。淡水种类可分为腹足纲和瓣鳃纲。

腹足纲(Gastropoda)也称为单壳类或螺类,身体次生性不对称。具有 1 个螺旋形的贝壳,头部较为发达,具有眼和触角等感官;足发达,叶状,位于身体腹侧。腹足类的贝壳是重要分类依据。腹足类的鳃、肾、心耳等器官往往仅保留单个。腹足类的受精卵常聚在一起形成卵带粘在水生植物的表面。腹足纲是软体动物中最大的一个纲,现存种有 75000 种,其分布广泛。

瓣鳃纲 (Lamellibranchia)身体具有 2 片外套膜和贝壳,故又称为双壳类,头部消失也称为无头类,因足呈斧状也称斧足类,根据其鳃呈瓣状故也称为瓣鳃类。身体左右对称,因而鳃、心耳等器官仍为成对对称排列。

常见食用种类如无齿蚌等,育珠种类如三角帆蚌和皱纹冠蚌,丽蚌的贝壳具有较厚的珍珠层,因而是制造人工珍珠等的好材料;而小型的河蚬等是养殖青鱼等的良好天然饵料。

(一)标本的采集和制作

用彼得生采泥器或埃可曼采泥器采集湖泊、池塘或河流的底泥,用42μm孔径筛网将底泥筛洗后置于白搪瓷盘中进行分检。分检出的瓣鳃纲动物用水清洗后可以置50℃温水中,待张开双壳后,和腹足纲动物等一起投入福尔马林或酒精中固定、保存即可。

较大型的腹足纲动物也可在水边用手拣或用镊夹,用水清洗后投入福尔马林或酒精中固定、保存。

(二)常见类群的分类检索

常见腹足类分科检索表

1. 有厣,用鳃呼吸,个别种类用肺呼吸 …… 2 前鳃亚纲(Prosobranchia)
   无厣,用肺呼吸 …………………………… 5 肺螺亚纲(Pulmonata)
2. 贝壳多为中到大型 …………………………………………… 3
   贝壳多为小型 ………………………………………………… 4
3. 贝壳一般呈陀螺形或卵圆锥形 ………………… 田螺科(Viviparidae)
   贝壳一般呈塔状,卵圆锥形或长圆锥形 ……… 黑螺科(Melaniidae)
4. 贝壳卵圆形或圆锥形,有鳃 …………………… 觿螺科(Hydrobiidae)
   外形圆锥形,无鳃和真正的触角 ………… 拟沼螺科(Assimineidae)
5. 贝壳呈螺旋形旋转,外形呈耳桩或圆锥状 … 椎实螺科(Lymnaeidae)
   贝壳在一个平面上旋转,呈盘状 …………… 扁卷螺科(Planorbidae)

田螺科常见种类检索表

1. 贝壳大型,成体壳高一般在40mm以上 …………………………… 2
   贝壳中等大小,成体壳高一般在40mm以下 … 3 环棱螺属(*Bellamya*)
2. 螺旋部较长,其高度大于壳口的高度,体螺层不甚膨胀 ……………
   ……………………………… 中国圆田螺(*Cipangopaludina chinensis*)
   螺旋部较短,其高度小于壳口的高度,体螺层极膨胀 ………………

……………………………… 中华圆田螺(*Cipangopaludina cathayensis*)

3. 贝壳呈长圆锥形,螺旋部较长,占壳高的2/3以上 ……………………

……………………………………… 方形环棱螺(*Bellamya quadrata*)

贝壳呈梨形或宽圆锥形,螺旋部较短,小于壳高的2/3 …………… 4

4. 贝壳呈梨形各螺层皆膨胀,体螺层尤其膨胀 …………………………

…………………………………… 梨形环棱螺(*Bellamya purificata*)

贝壳呈圆锥形各螺层均不甚膨胀 ………………………………………

…………………………………… 铜锈环棱螺(*Bellamya aeruginosa*)

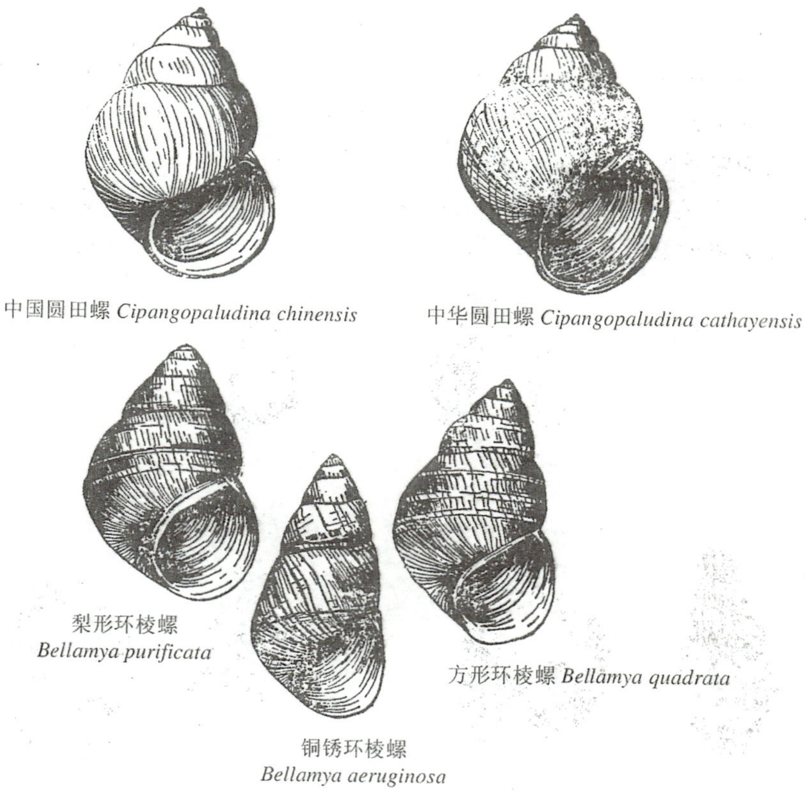

图3-3 田螺科常见种类

常见鱝螺科分属检索表

1. 厣角质 …………………………………………………………… 2
   厣石灰质 …………………………………………………………… 4
2. 贝壳呈桶状，壳口小，圆形 ………………… 狭口螺属(*Stenothyra*)
   贝壳呈圆柱形或圆锥形，壳口卵圆形 ……………………………… 3
3. 贝壳极小，壳高一般不超过6.5mm，壳薄表面光滑 ………………
   ……………………………………………… 拟钉螺属(*Tricula*)、小豆螺属(*Bythinella*)、拟小豆螺属(*Pseudobythinella*)等。
   贝壳小，壳高一般6～10mm，壳薄表面不大光滑 ………………
   ……………………………………………… 钉螺属(*Oncomelania*)
4. 贝壳略呈球形，体螺层膨大几乎构成整个贝壳 …… 涵螺属(*Alocinma*)
   贝壳略呈圆锥形，体螺层略膨大或不膨大 ……………………… 5
5. 壳表面光滑 ……………………………………… 豆螺属(*Bithynia*)
   壳表面有螺旋纹或螺棱 ……………………… 沼螺属(*Parafossarulua*)

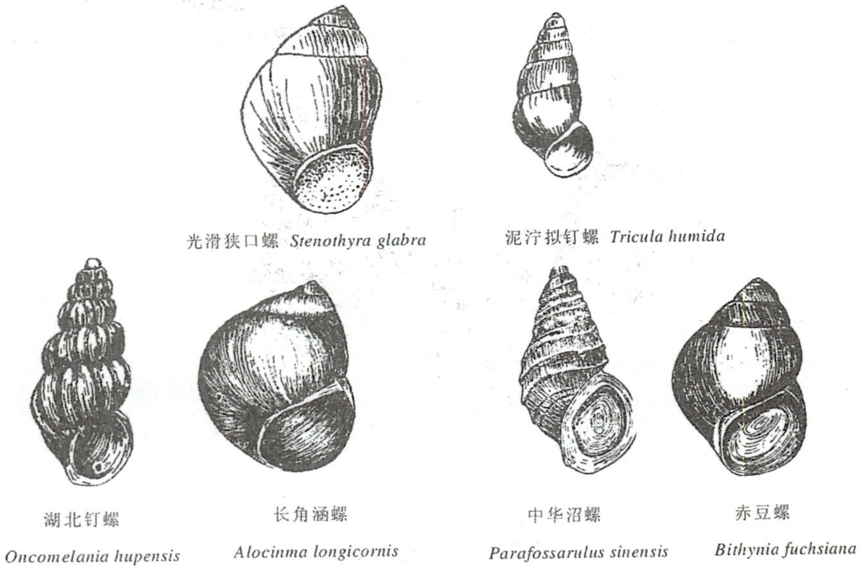

图3-4 螺科常见种类

椎实螺科分属检索表

1. 贝壳圆锥形或塔圆锥形,螺旋部的高度大于或等于壳口的高度 …… 2
   贝壳耳状或卵圆形,螺旋部小于壳口的高度 ……… 萝卜螺属(*Radix*)
2. 贝壳大,最大可达 60mm,体螺层膨大,螺层多,有 6~8 个螺层 ………
   ……………………………………………… 椎实螺属(*Lymnasea*)
   贝壳小,一般在 10mm 左右,仅 4~5 个螺层 ……… 土蜗属(*Galba*)

卵萝卜螺 *Radix ovata*　　小土蜗 *Galba pervia*　　静水椎实螺 *Lymnaea stagnaiis*

图 3–5 椎实螺科常见种类

常见瓣鳃纲分科检索表

1. 前闭壳肌较小或完全消失,后闭壳肌大,足小 …… 异柱目(Anisomyaria)
   我国仅有 1 科,贻贝科(Mytilidae),该科在我国淡水中分布的仅有 1 种——淡水壳菜(*Limnoperna lacustris*)
   前后闭壳肌大小相似,足发达 2 真瓣鳃目(Eulamellibranchia)
2. 贝壳形态多变,发育中经过钩介幼虫阶段 ………………………… 3
   贝壳形态三角形或卵圆形或长柱形,发育中不经过钩介幼虫阶段 …
   ………………………………………………………………… 4
3. 贝壳椭圆形,铰合部仅具有主齿和不明显的侧齿,钩介幼虫无钩,卵在四个瓣鳃中均能受精发育 …………… 珍珠蚌科(Margaritanidae)
   贝壳变异较大,铰合部变化大,或具拟主齿或侧齿或无齿,钩介幼虫无钩,卵仅能在外瓣鳃中受精发育蚌科 …………… 蚌科(Unionidae)

4. 贝壳呈三角形卵圆形等,铰合部具有主齿以及侧齿 ················ 5
贝壳壳质薄,呈圆柱形等,铰合部仅具有主齿,无侧齿 ·············
·· 截蛏科(Solecurtidae)
5. 贝壳三角形,壳质坚硬,每一贝壳上有2~3枚主齿,侧齿锯齿状
·· 蚬科(Corbiculidae)
贝壳卵圆形,壳质薄,右壳3枚主齿,左壳2枚主齿,侧齿光滑 ······
·· 球蚬科(Sphaeriidae)

常见蚌科种类分属检索表

1. 壳质厚,铰合部发达,具有拟主齿和侧齿 ······ 1 珠蚌亚科(Unioninae)
壳质厚,铰合部不发达,具有拟主齿和侧齿 ························
······························ 9 无齿蚌亚科(*Anodontdinae*)
2. 贝壳大型,背缘后部具有翼状突起 ················ 帆蚌属(*Hyriopsis*)
贝壳中等大小,背缘后部无翼状突起 ································ 3
3. 贝壳十分坚厚,壳表面具有瘤状结节 ············ 丽蚌属(*Lamprotula*)
贝壳略坚厚,壳表面无瘤状结节或光滑或具有肋嵴 ················ 4
4. 贝壳卵圆形或呈三角形 ·· 5
贝壳窄长,楔形,长椭圆形,矛形等 ································ 6
5. 贝壳表面具有宽大的同心圆肋嵴 ··········· 裂嵴蚌属(*Schistodesmus*)
贝壳表面具有宽大的同心圆肋嵴,后部具1尖嵴 ····················
·· 尖嵴蚌属(*Acuticosta*)
6. 贝壳显著窄长 ·· 7
贝壳不太窄长 ·· 8
7. 贝壳矛形,后半部不扭转 ···················· 矛蚌属(*Lanceolaria*)
贝壳香蕉形,后半部扭转 ······················ 扭蚌属(*Arconaia*)
8. 贝壳呈楔形,前部膨大后部尖细 ················ 楔蚌属(*Cuneopsis*)
贝壳呈长椭圆形,背缘与腹缘接近平行 ················ 珠蚌属(*Unio*)
9. 贝壳铰合部发达,无齿 ························ 无齿蚌属(*Anodonta*)
贝壳铰合部不发达 ·· 10
10. 铰合部仅有齿的痕迹,贝壳呈蛏形 ················ 蛏蚌属(*Solenaia*)

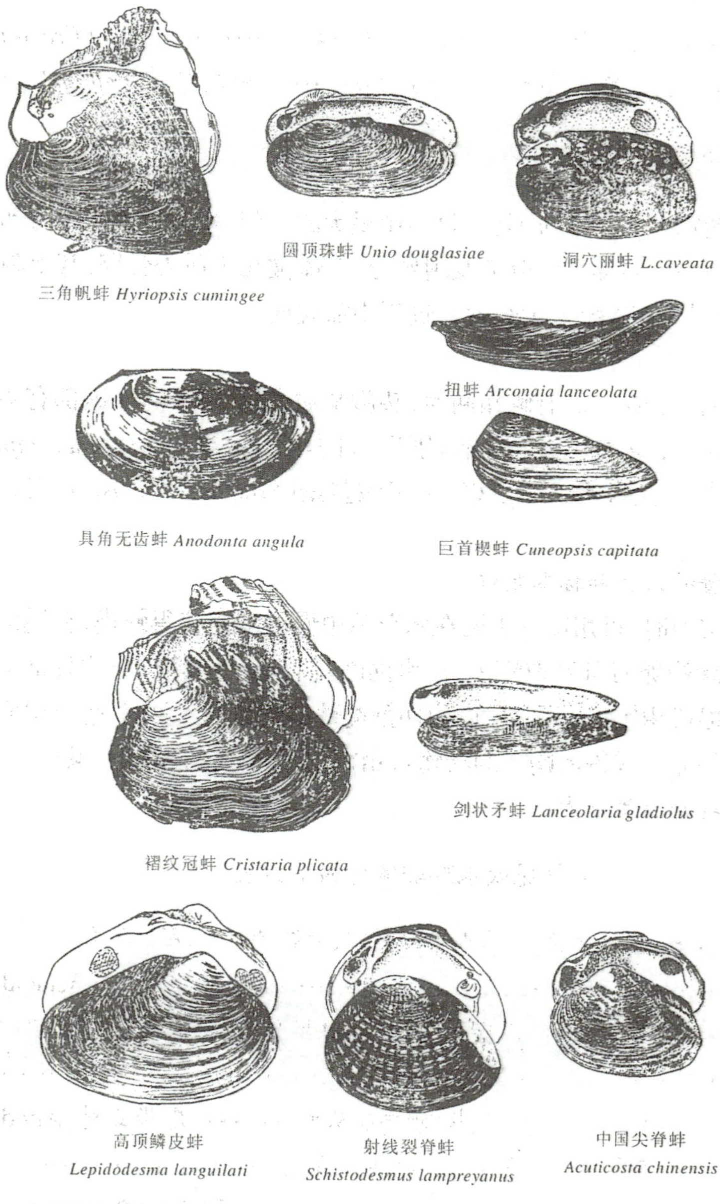
三角帆蚌 *Hyriopsis cumingee*
圆顶珠蚌 *Unio douglasiae*
洞穴丽蚌 *L.caveata*
扭蚌 *Arconaia lanceolata*
具角无齿蚌 *Anodonta angula*
巨首楔蚌 *Cuneopsis capitata*
剑状矛蚌 *Lanceolaria gladiolus*
褶纹冠蚌 *Cristaria plicata*
高顶鳞皮蚌
Lepidodesma languilati
射线裂脊蚌
Schistodesmus lampreyanus
中国尖脊蚌
Acuticosta chinensis

图 3-6　蚌科常见种类

铰合部侧齿片状 …………………………………………………… 11

11. 贝壳后缘向上斜伸形成翼冠,侧齿长片状 ……… 冠蚌属(*Cristaria*)

贝壳呈膨胀三角形,侧齿呈三角形片状 …… 鳞皮蚌属(*Lepidodesma*)

五、节肢动物

节肢动物(Arthropoda)是动物界中最大的一门,也被认为是原口动物最高级的一类。身体异律分节及附肢分节,体被几丁质外骨骼,其上附着肌肉,肌肉多为横纹肌。生长发育过程中需蜕皮。

(一)甲壳纲

甲壳纲(Crustacea)有触角两对,头胸常愈合为头胸部,头胸部有头胸甲(carapace),如栉水虱、蚤状钩虾、日本沼虾(*Macrobrachium nipponense*)、米虾、秀丽白虾、华溪蟹、中华绒螯蟹(*Eriocheir sinensis*)、克氏原螯虾等。

1. 淡水虾蟹的采集和标本制作

野外实习时,可用窗纱水网在水草丛中慢慢推捞获得虾类;在溪沟浅水处通过翻检卵石可发现虾蟹,用水网断其后路,令其退走入网;蟹类也可徒手捕捉或用镊子夹取。采得的虾蟹类种类或数量不足时,也可由农贸市场购买补充。采得或购买的动物可用福尔马林或酒精固定、保存。

2. 常见类群的分类检索

常见淡水虾类的分科检索表

1. 体粗壮略扁平,红褐色;前3对步足螯状,大螯特别大,腹肢退化 ……………………………………………………… 螯虾科(Astacidae)

体略侧扁而非平扁,绿色或无色;前2对步足螯状,腹肢发达可游泳 ………………………………………………………………… 2

2. 前2对步足钳状,其指节呈匙状,顶端有丛毛 …… 匙指虾科(Atyidae)

前2对钳状步足指节不呈匙状,顶端无丛毛 ……………………………………………………… 长臂虾科(Palaemonidae)

常见淡水蟹类的分属检索

1. 螯足的掌节上密生绒毛 ………………………… 绒螯蟹属(*Eriocheir*)

   螯足的掌节上无绒毛 ……………………………………………… 2

2. 步足上密生刚毛,沿岸穴居 ……………………… 相手蟹属(*Searma*)

   步足上毛极稀少,鹅卵石下隐居 ………… 华溪蟹属(*Sinopotamon*)

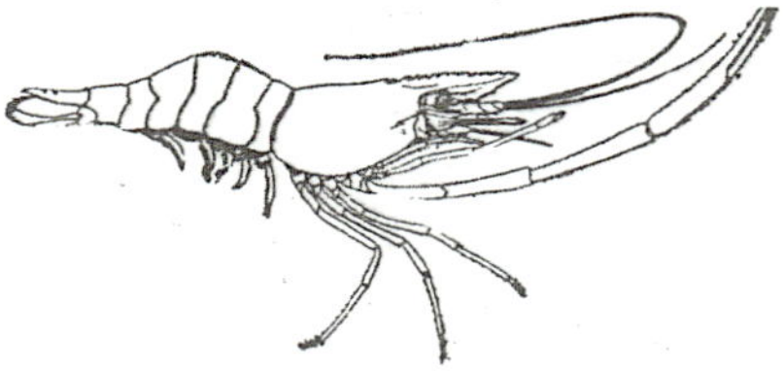

日本沼虾 *M. nipponensis*

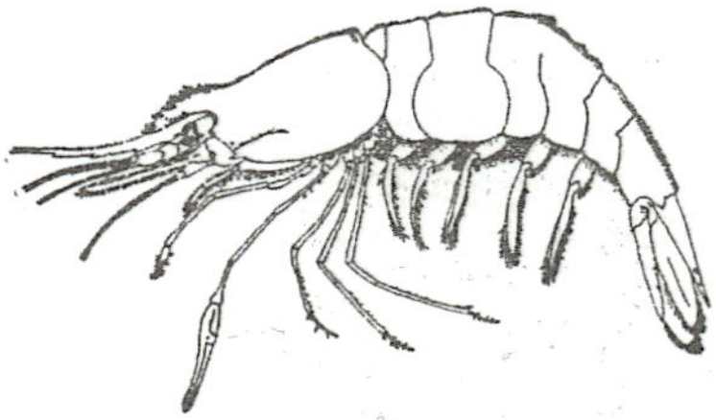

秀丽白虾 *P. modestus*

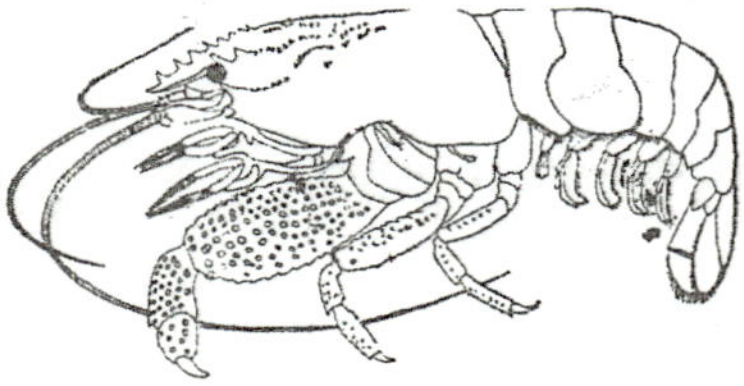

笨重匙指虾 *Atya crassa*

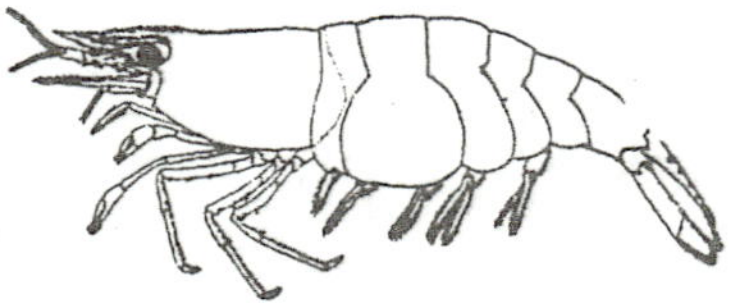

中华锯齿米虾 *Caridina deniculata sinensis*

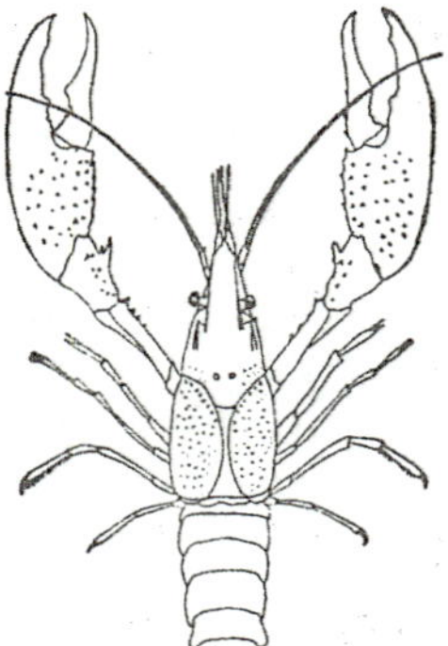

克氏原螯虾 *Procambarus clarki*

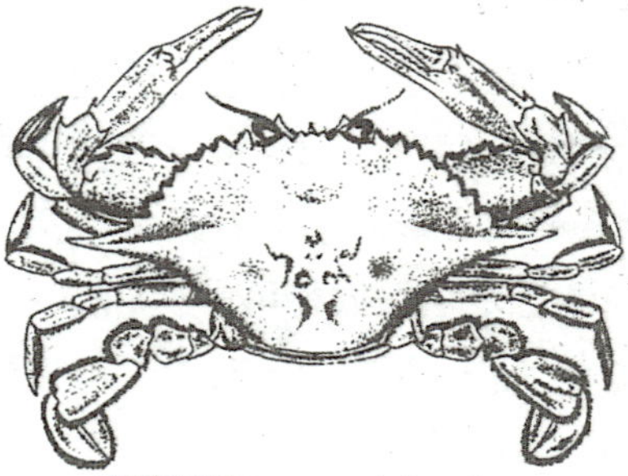

三疣梭子蟹 *Portunus trituberculatus*

图 3–7A　淡水常见虾蟹(一)

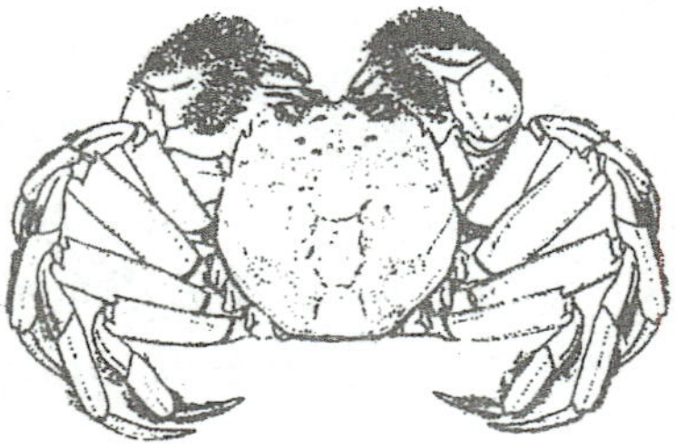

中华绒螯蟹 *Eriocheir sinensis*

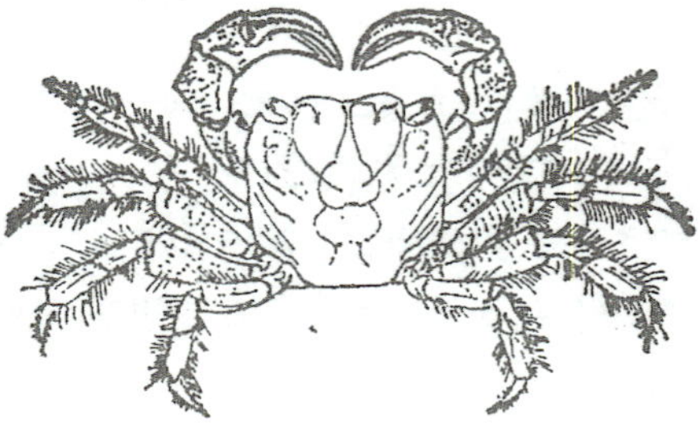

无齿相手蟹 *Sesarm dehaani*

锯齿华溪蟹 *Sinopotamon denticulatum*

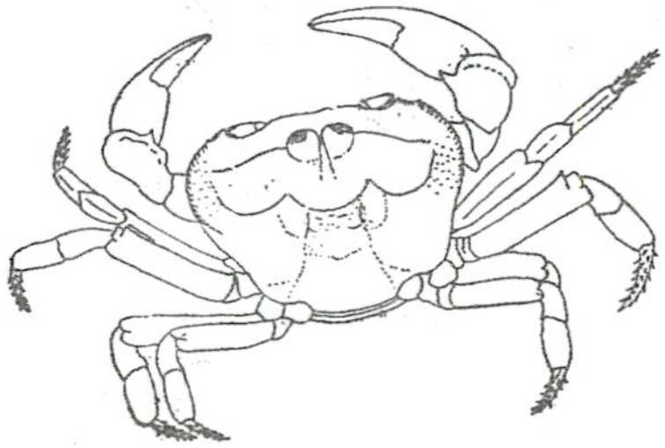

绩溪华溪蟹 *Sinopotamon jixiense*

图 3-7B 淡水常见虾蟹(二)

(二)昆虫纲

昆虫纲中只有小部分生活于水中,称为水生昆虫。水生昆虫可分为终生生活于水中以及幼体生活在水中、成虫羽化后在陆地生活两大类。前者主要为鞘翅目(龙虱等)和半翅目(田鳖等),而后者主要包括蜻蜓目、襀翅目、蜉蝣目、毛翅目、鳞翅目、脉翅目和双翅目等7个目。在水中生活的昆虫成虫鞘翅目和半翅目较易区分,而幼虫较难区分。

1. 底栖昆虫的采集和标本制作

用彼得生采泥器或埃可曼采泥器采集湖泊、池塘或河流的底泥,泥样用40目铜筛筛洗,洗下的残渣置于白搪瓷盘中进行分检。分检出的水生昆虫用4%～10%的福尔马林固定、保存即可。

2. 常见类群的分类检索

常见水生昆虫幼虫分目检索表

1. 幼虫身体的外部可以看到正在发展中的翅,幼虫发育不经过蛹的阶段 …………………………………………………………………………… 2
   幼虫身体的外部无翅,幼虫发育经过蛹的阶段后再发展形成翅 ……… 5
2. 咀嚼式口器 ……………………………………………………………… 3
   刺吸式口器 …………………………………………… 半翅目(Hemiptera)
3. 有长而呈丝状的尾毛,下唇短于头长,不位于前足基部中间 ……… 4
   尾毛3个,形成短刺状或叶状附属物,内密布气管,下唇比头部为长,向后折转而位于前足基部中间 ………………… 蜻蜓目(Odonata)
4. 鳃主要在胸部,有尾毛2条 ……………………… 襀翅目(Plecoptera)
   鳃主要在腹部,有尾毛3条 …………………… 蜉蝣目(Ephemerida)
5. 胸部具有分节的足 ……………………………………………………… 6
   胸部无分节的足,腹部也无原足 ……………………… 双翅目(Diptera)
6. 具有细长而弯的吮吸式口器 ………………… 脉翅目(Neuroptera)
   咀嚼式口器 ……………………………………………………………… 7
7. 身体末节有1对原足伸向后方,每足有1个或2个爪或钩,也有一些种类在末节具有1条长尾丝 ………………………………………… 8
   腹部若有原足就不止1对,假使腹部末节有原足也决无1个或2个爪 …………………………………………………………………………… 9
8. 腹部各节均有1对长的侧面肌质细丝,常隐藏在石下 …………………………………………………………… 脉翅目(Neuroptera)
   腹部各节无侧面肌质细丝但往往具有细的鳃条,常藏身于1种套内 …………………………………………………… 毛翅目(Trichoptera)
9. 具有5对原足,腹部末节无气孔 ……………… 鳞翅目(Lepidoptera)
   通常不具有原足,腹部末端有气孔 …………… 鞘翅目(Coleoptera)

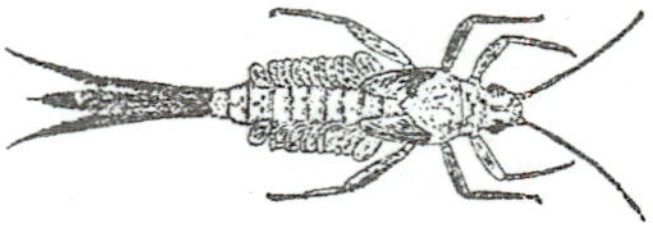

蜉蝣目（二翼蜉）Ephemerida (*Cloeon diterum*)

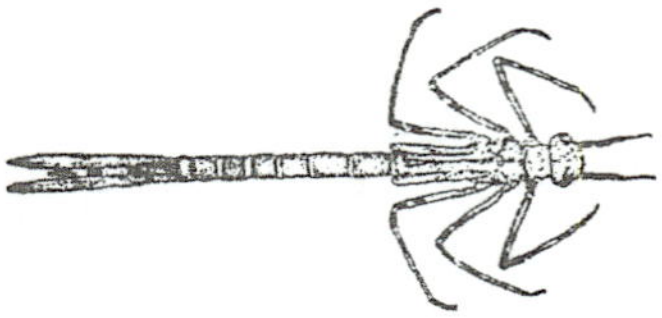

蜻蜓目（黑河蟌）Odonata (*Agrion atratum*)

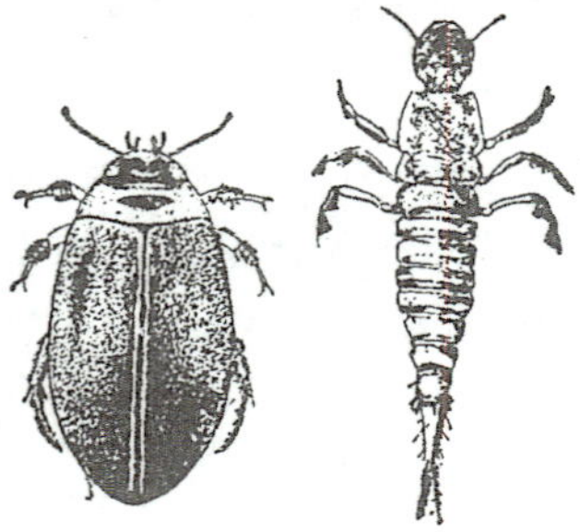

A　B

鞘翅目（泥龙虱 A 成虫；B 幼虫） Coleoptera (*Rhantus*)

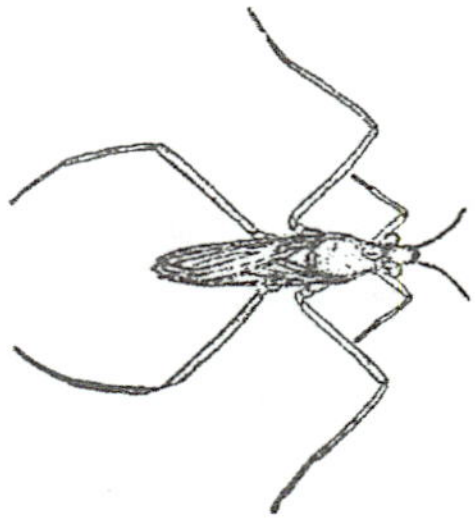

半翅目（水黾）Hemiptera (*Gerris*)

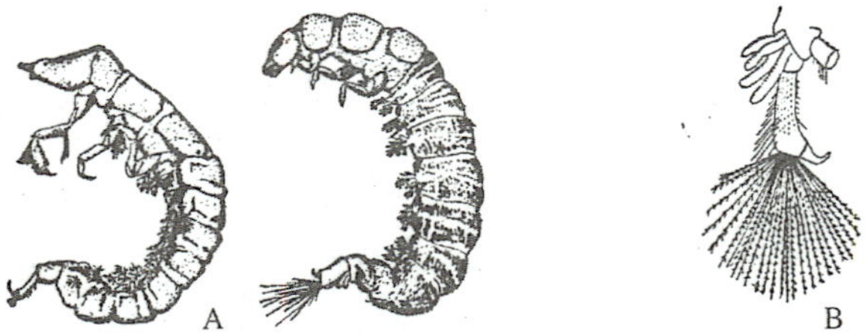

毛翅目（A：蚊石蚕两种形态个体；B：臀足）Trichoptera (*Hydropsyche*)

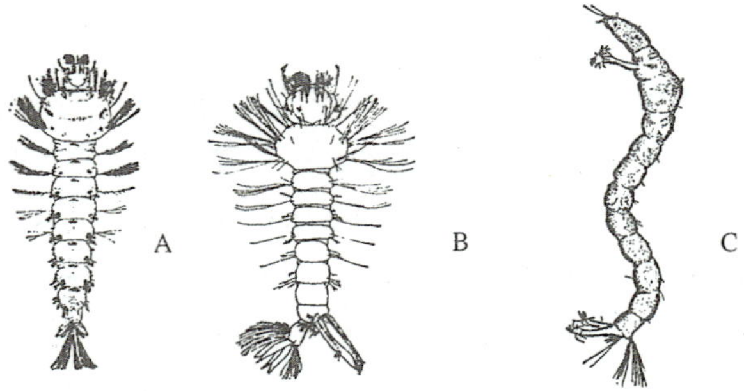

双翅目（A. 按蚊；B. 伊蚊；C. 粗腹摇蚊）

Diptera (A. *Anopheles;* B. *Aedes;* C.*PelopiaPelopia*)

图 3–8 常见水生昆虫幼虫

第四章　土壤无脊椎动物

第一节　土壤无脊椎动物简介

土壤是陆地生态系统的组成部分之一，不仅生长着植物，也栖息着形形色色的动物和微生物，形成复杂的生物群落。在自然界物质循环和能量流动、生态系统平衡维持及土壤肥力的形成和保持等过程中，土壤动物是不可缺少的成员。

土壤动物是陆地生态系统中生物量最大的一类生物，门类齐全、种类繁多、数量庞大，在土壤中它们与植物、土壤微生物组成土壤生态系统，三者相互作用、相互影响。

所谓土壤动物，是指那些永久或暂时栖息于土壤环境中，并因其生命活动对土壤造成一定影响的动物类群。

在土壤垂直分层的总体环境影响下，其中的土壤动物可以分为以下三类：(1)真土居动物。是生活在较深层的矿质土壤中的动物，它们通常具挖掘、钻孔的能力，如蚯蚓等。(2)表土居动物。是生活在地表或枯枝落叶层的动物，如蜗牛等。(3)生活在土壤上层、枯枝落叶层或腐叶层的动物，如蜘蛛、螨类等。

按体型大小，土壤动物可以分为：(1)小型土壤动物。体长在 0.2mm 以下，主要包括鞭毛虫、变形虫等原生动物、大部分轮虫、线虫、缓步动物(熊虫)等。(2)中型土壤动物。体长 0.2~2mm，主要有螨类、拟蝎、跳虫等微小节肢动物，还有涡虫、蚁类、双尾虫等。(3)大型土壤动物。体长 2~20 mm，主要有大型的甲虫，蟠象、金针虫、蜈蚣、马陆、蝉的幼虫、盲蛛等。实际野外调查中，难以确定大小，而是根据采集方法来区分这三类土壤动物。即以肉眼所见，可直接手捡(用镊子或吸虫管)采集的为大型土壤动物；用 Tullgren 装置分离采集的螨类等和用 Baermam 装置分离采集的线虫、线蚓和轮虫等湿生动物(它们生活于土壤颗粒间隙水中)为中型土壤动物;用土壤直接镜检或经培养后镜检发现的为小型土壤动物。

按食性,土壤动物可以分为:落叶食性、材食性、腐植食性、植食性、藓苔类食性、菌食性、藻食性、细菌食性、捕食性、尸食性、粪食性、杂食性和寄生性等。

按土壤中生活时期,土壤动物可以分为:全期土壤动物、周期土壤动物、部分土壤动物、暂时性土壤动物、过渡性土壤动物和交替性土壤动物等。

此外还可按分类等级分类。分类等级分类是依据土壤动物形态特征的异同,来反映它们之间谱系发生关系的一种分类方法。

第二节　土壤无脊椎动物的采集、标本制作和保存

一、真土居动物标本的采集和保存

(一)土壤取样

根据实习要求有定性、半定量和定量之分。定性在于了解种类组成,样品量要多;半定量是在一定样方范围内,每次取大致相同数量的样品;定量对样品量有严格要求,一般用长×宽×高为5cm×4cm×5cm,体积为100 cm^3的土壤取样器取样。由于时间等所限,无脊椎动物学野外实习时通常只做定性调查。

选择受人类活动干扰较少的树林、灌木丛、草丛或其他场所,除去表面干燥的枯枝落叶,挖取5cm深的表土约2000 ml,放入塑料袋中,带回实验室分离。

(二)动物的分离和固定

先挑拣大型土壤动物。方法是将样品倒在纸上,用镊子捡出蚯蚓、甲虫等肉眼所能见的所有动物,洗去泥土后,保存在70%的乙醇中。

再分离中型动物,取已分捡出大型动物的样品约500ml倒入网筛中,轻轻装在Tullgren装置(图4-1)的漏斗上。在漏斗下放置一盛有50%乙醇的培养皿,开启电灯(60W)(图4-2)。随着样土从上到下逐渐受热干燥,土壤动物也随之向下移动,沿漏斗进入培养皿中(图4-3)。经48h后,取下培养皿,在解剖镜下用吸管将收集到的小型动物吸出,保存在70%

的乙醇中，供分类鉴定。

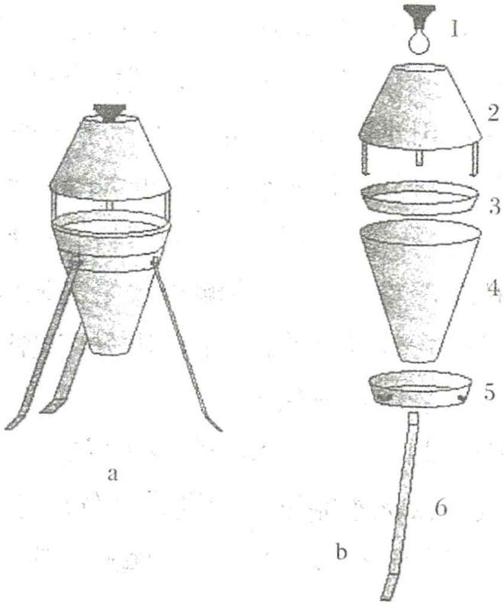

图 4–1　土壤动物分离 Tullgren 装置

a. 全图；b. 构成各部的装置

1. 灯泡；2. 灯罩；3. 铁丝筛网；4. 漏斗；5、6. 支撑架

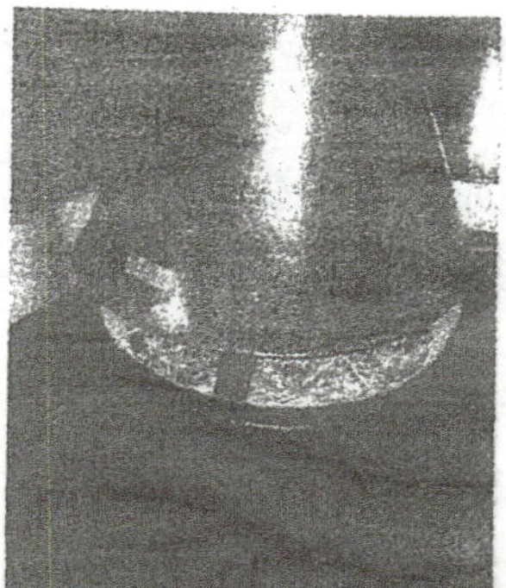

图 4–2　烘虫装置图

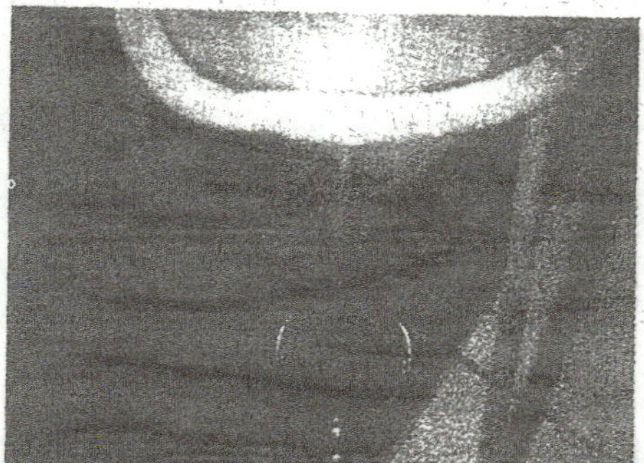

图 4–3　盛有 50% 乙醇的培养皿

二、表土居动物（陆生软体动物）的采集、标本制作与保存

（一）陆生软体动物采集方法

1. 采集用具

常用工具有小铁铲、土壤筛、镊子、塑料袋等。

2. 采集方法

采集的地点主要在农田间、潮湿的草丛、作物上、石块下和土石缝隙间,采集到的标本应注意记录生活环境。大型种类可直接用镊子拾取,在土壤中的小型软体动物用小铁铲取适量泥土置于土壤筛中过筛，然后用镊子轻轻将标本装入塑料袋或标本瓶中。同时记录标本的色泽和形态特征及生活环境特点,填好标签与采集标本的塑料袋一起存放。对于数量较多的种类或为害农林较严重的地方,应测量每平方米内的种类和数量,一般选取4、8或16个样方,取其平均值,统计出分布、密度等生态指标。

(二)陆生软体动物标本的制作与保存

一般陆生贝类标本制作有浸制和干制两种方法，制作前将标本洗刷干净，清洗时要注意保持标本完整，特别是个体较小的种类或表面长有肋、刺和毛的种类。对于无外壳的种类,如蛞蝓,还应先测量体长和宽,然后浸制。

1. 浸制方法

浸制有两种方法。一种方法是把活体标本放入盛满水的瓶中密闭,使其慢慢窒息而死;或放在清水中徐徐加入热水,使其伸头爬行,直至死亡。然后浸入固定液中。另一种方法是将活体置于清水中,缓慢加入适量硫酸镁或薄荷脑等药物进行梯度麻醉。被麻醉或死亡的标本移入70%酒精中进行固定,大型种类应向肌肉和体内注射5%福尔马林,以便于长期保存。对需要长期保存的标本,必须封好瓶口。

2. 干制方法

一般是保存其外壳,方法有两种。一种方法是使标本腐烂或晒干,另一种方法是蒸煮。然后除去肉体,仔细用镊子剔净贝壳上的肌肉。

标本处理后,在标签上写好标本的编号、采集日期、采集地点、采集人等,与标本一起存放,同时对该种类的栖息环境、生活习性、经济价值等内容做逐项登记。

三、蛛形纲动物的采集、标本制作与保存

(一)蛛形纲动物的采集方法

蛛形纲动物的生活环境和习性差异很大,本章着重介绍蜘蛛类、蜱螨

类和蝎类的采集方法。

1. 蜘蛛类

（1）采集用具：常用的工具有捕虫网、采集管、吸虫管、采集箱，还有镊子、毛笔、小铁铲等。采集管一般为直径2.5 cm，高9 cm、管壁厚0.2 cm的玻璃或塑料管。

（2）采集方法：采集时用一个空管捕蜘蛛，其他采集管内放75%的酒精保存液，将不同种类标本分装。采集地点主要在农田、草丛、林木间、屋角或房檐下、作物或土中。蜘蛛的大小、栖息场所不同，采集方法也不相同。

①结网型的蜘蛛有时在网上，有时在"隐蔽所"里。蜘蛛受惊后有抽丝下垂的特点，在采集时可先使它受惊坠落，然后用采集管收纳。也可一手持采集管直接在网上用管口把蜘蛛扣住，另一只手持管塞从网的另一面配合，把蜘蛛套入采集管内。在"隐蔽所"内的蜘蛛，可以找到网心和"隐蔽所"之间的1根信号丝，根据信号丝可找到它们的隐蔽处；也可用一小草轻轻拨网，使它们从"隐蔽所"跑出，然后捕入采集管内。

②小型蜘蛛体小不易捕捉，采集时用毛笔蘸以酒精使其麻醉后采捕；也可用吸虫管吸取；还可以用草叶把蜘蛛直接扫入采集管中。

③游猎型蜘蛛有游走和跳跃的习性，在地面、水面、叶面上的蜘蛛可用采集管直接扣捕。扣捕时左手拿采集管扣住蜘蛛，右手拿塞子塞住管口。或用拿塞子的右手将蜘蛛驱入采集管内堵住。草地上的蜘蛛也可用捕虫网采捕，然后倒入采集管中。

④穴居型蜘蛛在土里或树洞内穴居，可用小铁铲挖掘洞穴采集。地表有活盖的洞穴可根据周围的鲜土粒判断，穴居性狼蛛也可用活飞虫诱捕，即用装1只飞虫的瓶子口罩住洞口，诱蛛出洞，再慢慢将瓶口挪开洞后采捕。

采集时要记录生活环境、习性和形态特点等，最后用75%酒精杀死，填好标签后保存。采集时徒手捕捉易造成标本损伤，应避免直接用手拿标本。

2. 蜱螨类

（1）采集用具：常用采集工具有吸虫管、昆虫网、简易漏斗装置、毛笔、白纸等。

(2)采集方法:蜱螨类动物个体很小,而生活场所极广,在土壤中、动植物体上、甚至池沼和江河湖泊里都有它们分布。

蜱类的采集可用捕虫网或启布在草地上反复摆动的方法来收集野地自由生活的蜱类,或在动物巢穴、畜禽舍内的土石块上用白绒布沾取的方法采集。

螨类的采集方法因其生活环境不同而有所差异。

①土表及土壤中的螨类采集。在土壤中、土表落叶层、石块下、堆肥处有很多自由生活的螨类。采集时把材料放在白纸上直接用解剖镜检出,但这种方法效率不高。一般用干漏斗法采集(图4-1)。此种方法也可分离土壤中的线虫和跳虫。

②植物体上的螨类采集。可直接用毛笔蘸以保存液粘取,或用水冲洗叶子,然后用滤纸过滤再镜检,或敲打植株时在下面用白纸接着振落下来的螨类,然后镜检。

③动物体上寄生的螨类采集。对动物巢穴内的食物、草屑、尘土可直接在解剖镜下镜检出来;也可用干漏斗法分离。

蜱螨类动物采集时,必须用铅笔记录采集地点、采集日期、宿主名称、体色、采集人姓名等。

3. 蝎类

(1)采集用具:常用工具有长镊子、采集瓶等。

(2)采集方法:蝎子为夜间活动的肉食性动物。生活在隐蔽的石下、石缝、墙缝、树皮等干燥阴暗处。发现蝎子后,用长镊子钳住尾部,然后放人采集瓶、罐或试管中盖住。并做好常规记录。

(二)蛛形纲动物标本的制作与保存

1. 蜘蛛类标本的制作与保存

所采集到的蜘蛛标本放进盛有75%~80%酒精的采集瓶内,将其杀死。然后将标本用保存液清洗干净。保存液用95%酒精75ml、40%甲醛5ml、冰醋酸10ml、白糖5g、蒸馏水35ml配制而成。将标本放入保存液中浸泡时,以虫体高度3倍的液量为佳。此种浸制方法可防止标本腐变、变脆及变色。

2. 蜱螨类标本的制作与保存

①蜱类标本的制作与保存。先将活体放入70～80℃的热水中杀死后，在75%或80%酒精内保存。也可用3%~5%福尔马林中浸制保存。

②螨类标本的制作与保存。采集到的螨类动物标本可放入75%或80%酒精中保存。也可用奥氏保存液(其配方是70%酒精87份、甘油5份、冰醋酸8份)保存。保存螨类一般用直径0.5 cm、长4 cm的指形管，内装保存液，放入螨类标本和用硬铅笔填写的标签，然后用脱脂棉塞好管口，再将指形管放入250 ml或500 ml的广口瓶里，瓶内注满同样的保存液。这种双重溶液浸渍法保存的标本，既能保护小指管不易破碎，也能使保存液不易干涸。

3. 蝎类标本的制作与保存

捕捉到的蝎子用70%~80%酒精或7%福尔马林杀死，然后保存在70%~80%酒精中，或90份80%酒精、10份甘油混合液中。贴好标签。

四、倍足纲动物的采集、标本制作与保存

倍足纲包括蜈蚣、马陆等，主要栖息于砖石和落叶层下、枯木堆中和墙角等阴暗潮湿处。采集时，一般用镊子夹取后直接投入5%甲醛溶液中杀死固定。大蜈蚣、大马陆等可投入毒瓶中杀死，用大头针两头固定制成干制标本。蚰蜒类的足容易脱落，在采集时应一次性镊夹成功，固定时细心操作，使其断足减少至最低程度，待标本制成以后，再将断足逐一粘贴上去。

第三节 土壤无脊椎动物的分类检索

一、常见土壤动物纲目图解检索表

常见土壤动物纲目图解检索表

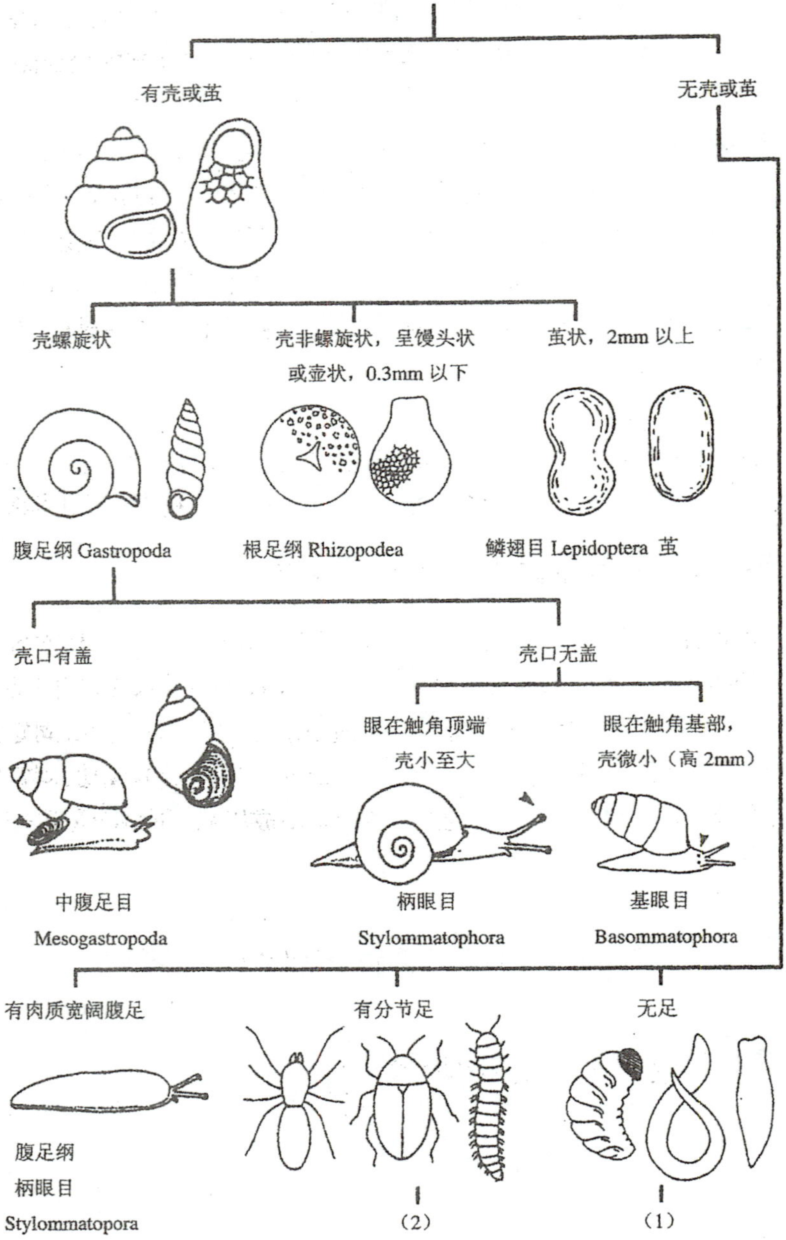

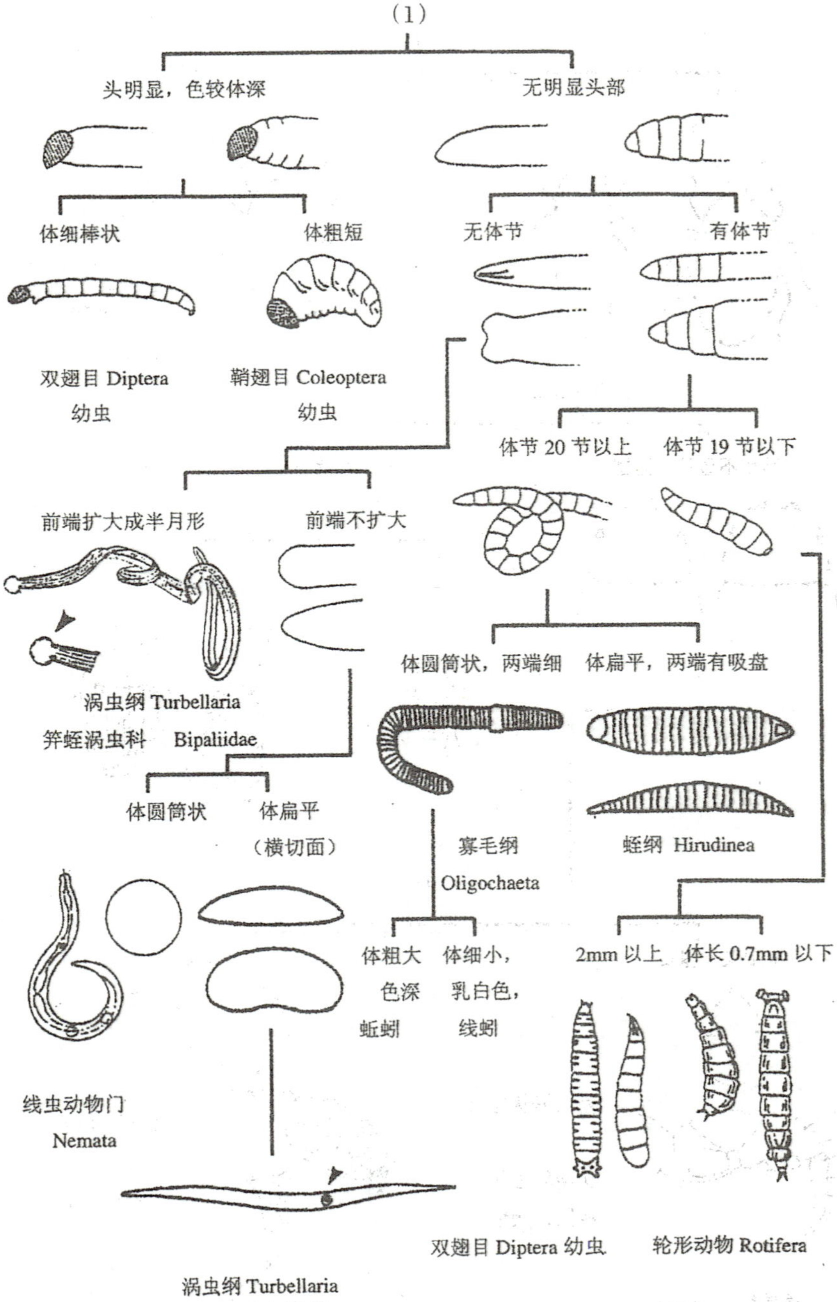
(1)
头明显，色较体深
无明显头部
体细棒状
体粗短
无体节
有体节
双翅目 Diptera
幼虫
鞘翅目 Coleoptera
幼虫
体节 20 节以上
体节 19 节以下
前端扩大成半月形
前端不扩大
体圆筒状，两端细
体扁平，两端有吸盘
涡虫纲 Turbellaria
笄蛭涡虫科 Bipaliidae
体圆筒状
体扁平
（横切面）
寡毛纲
Oligochaeta
蛭纲 Hirudinea
体粗大
色深
蚯蚓
体细小，
乳白色，
线蚓
2mm 以上
体长 0.7mm 以下
线虫动物门
Nemata
双翅目 Diptera 幼虫
轮形动物 Rotifera
涡虫纲 Turbellaria

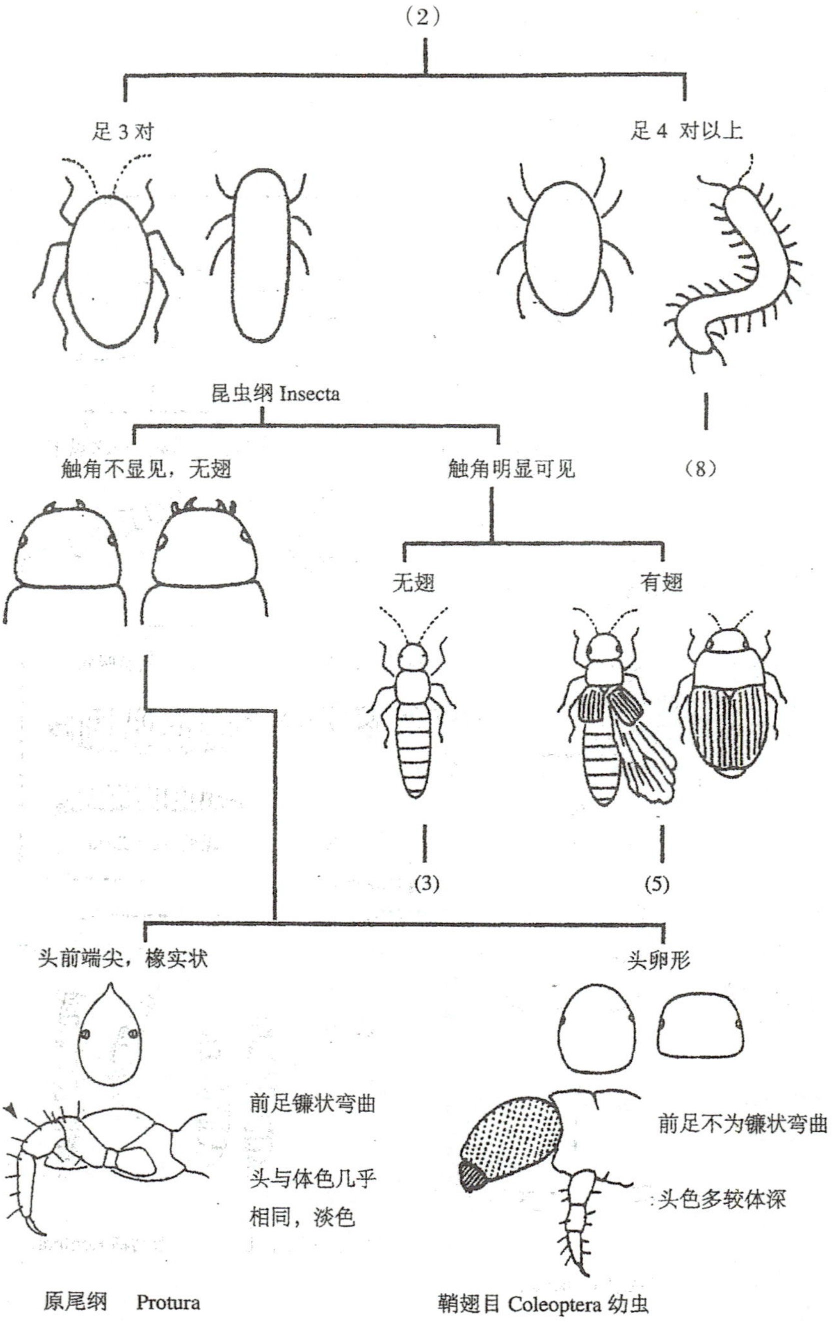
（2）
足 3 对
足 4 对以上
昆虫纲 Insecta
触角不显见，无翅
触角明显可见
(8)
无翅
有翅
(3)
(5)
头前端尖，橡实状
头卵形
前足镰状弯曲
头与体色几乎相同，淡色
前足不为镰状弯曲
头色多较体深
原尾纲 Protura
鞘翅目 Coleoptera 幼虫

（3）

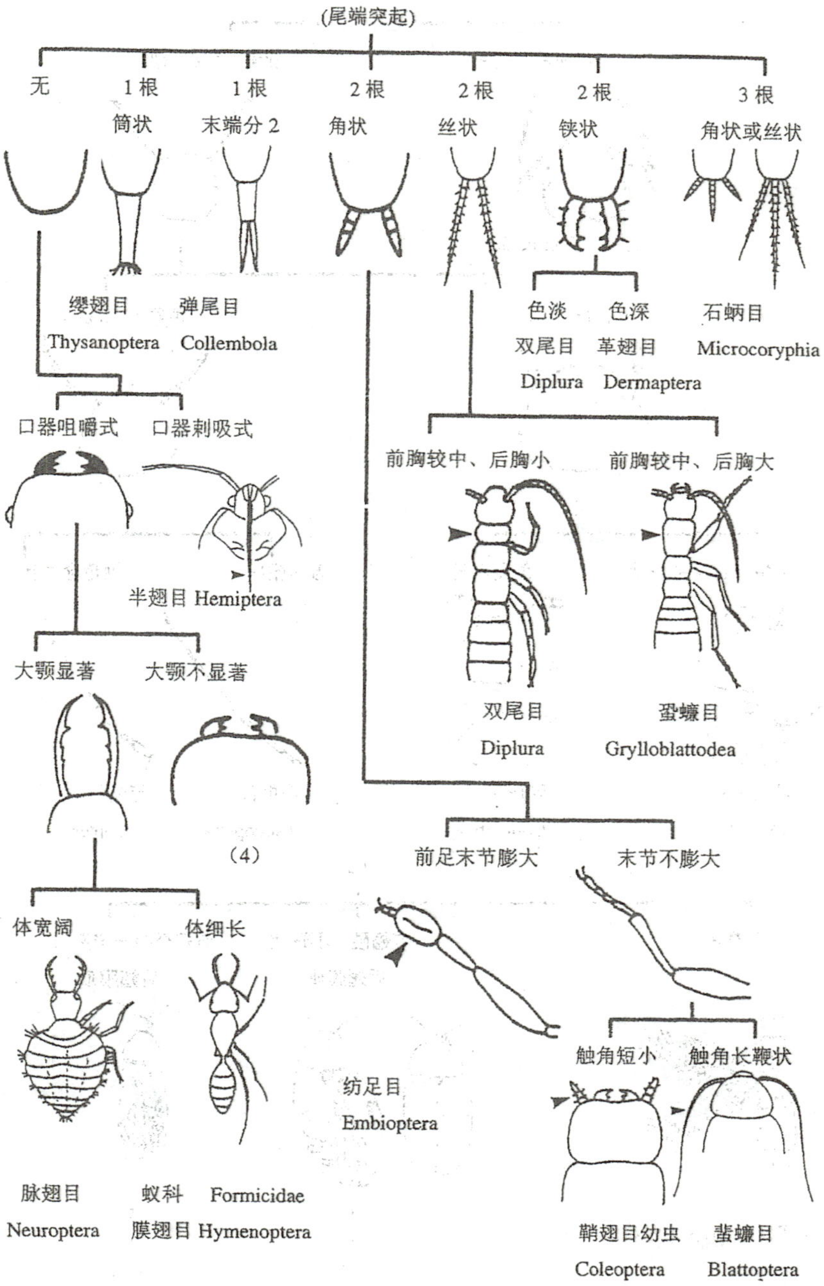
(尾端突起)
无
1 根
筒状
1 根
末端分 2
2 根
角状
2 根
丝状
2 根
铗状
3 根
角状或丝状
缨翅目
Thysanoptera
弹尾目
Collembola
色淡
双尾目
Diplura
色深
革翅目
Dermaptera
石蛃目
Microcoryphia
口器咀嚼式
口器刺吸式
半翅目 Hemiptera
前胸较中、后胸小
前胸较中、后胸大
双尾目
Diplura
蛩蠊目
Grylloblattodea
大颚显著
大颚不显著
(4)
前足末节膨大
末节不膨大
体宽阔
体细长
触角短小
触角长鞭状
纺足目
Embioptera
脉翅目
Neuroptera
蚁科 Formicidae
膜翅目 Hymenoptera
鞘翅目幼虫
Coleoptera
蜚蠊目
Blattoptera

(4)

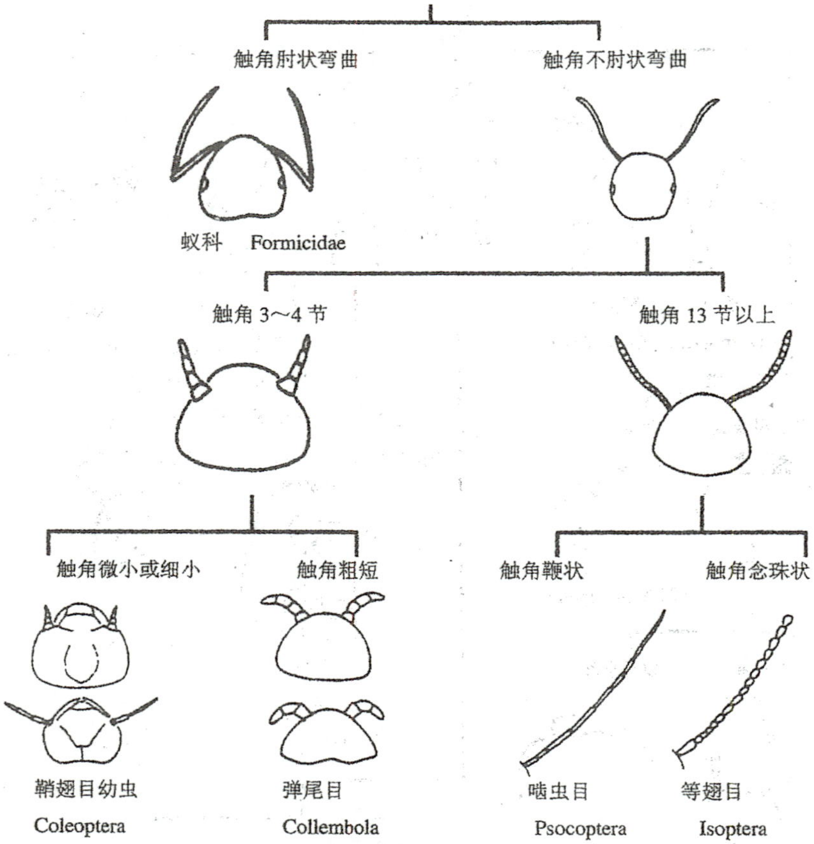
触角肘状弯曲
触角不肘状弯曲
蚁科 Formicidae
触角3～4节
触角13节以上
触角微小或细小
触角粗短
触角鞭状
触角念珠状
鞘翅目幼虫
Coleoptera
弹尾目
Collembola
啮虫目
Psocoptera
等翅目
Isoptera

(5)

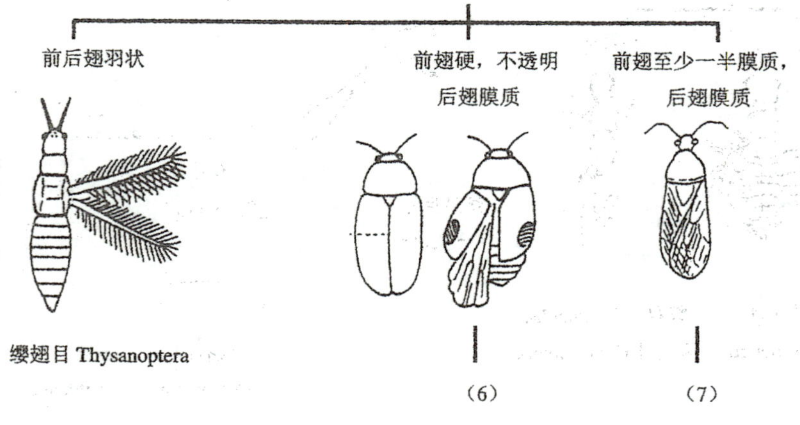
前后翅羽状
前翅硬，不透明
后翅膜质
前翅至少一半膜质，
后翅膜质
缨翅目 Thysanoptera
(6)
(7)

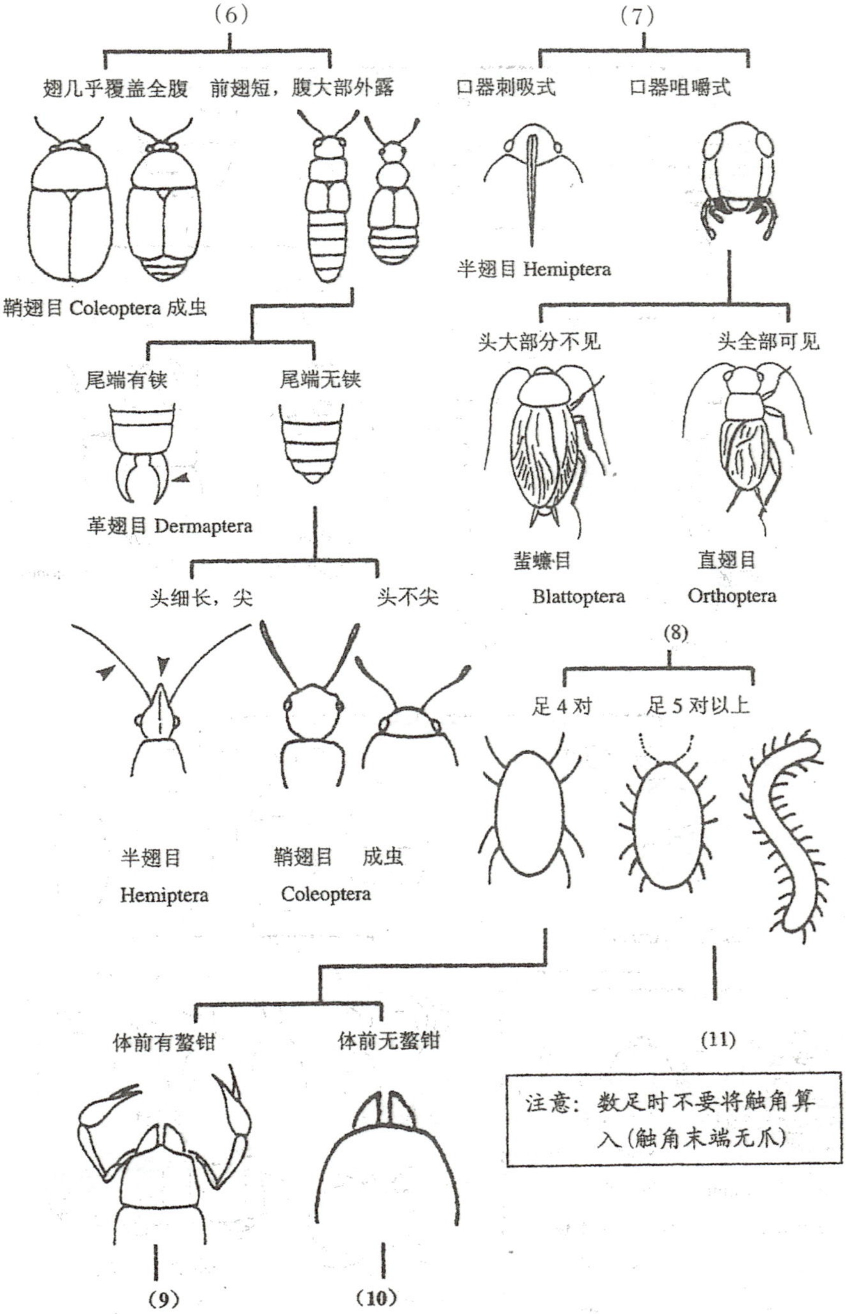
(6)
翅几乎覆盖全腹
前翅短，腹大部外露
鞘翅目 Coleoptera 成虫
尾端有铗
尾端无铗
革翅目 Dermaptera
头细长，尖
头不尖
半翅目
Hemiptera
鞘翅目　成虫
Coleoptera
(7)
口器刺吸式
口器咀嚼式
半翅目 Hemiptera
头大部分不见
头全部可见
蜚蠊目
Blattoptera
直翅目
Orthoptera
(8)
足 4 对
足 5 对以上
(11)
体前有螯钳
体前无螯钳
(9)
(10)
注意：数足时不要将触角算入(触角末端无爪)

（9）

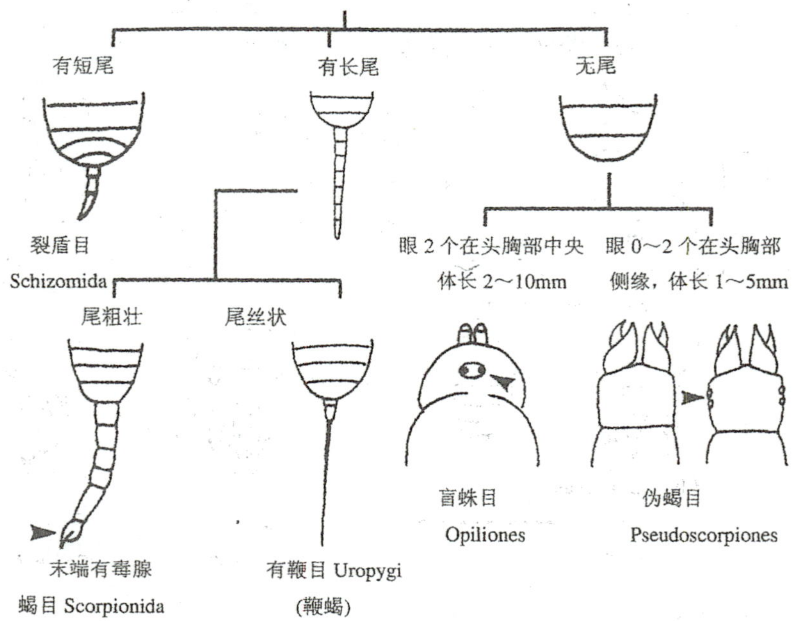
有短尾
有长尾
无尾
裂盾目
Schizomida
眼 2 个在头胸部中央
体长 2～10mm
眼 0～2 个在头胸部
侧缘，体长 1～5mm
尾粗壮
尾丝状
盲蛛目
Opiliones
伪蝎目
Pseudoscorpiones
末端有毒腺
蝎目 Scorpionida
有鞭目 Uropygi
(鞭蝎)

（10）

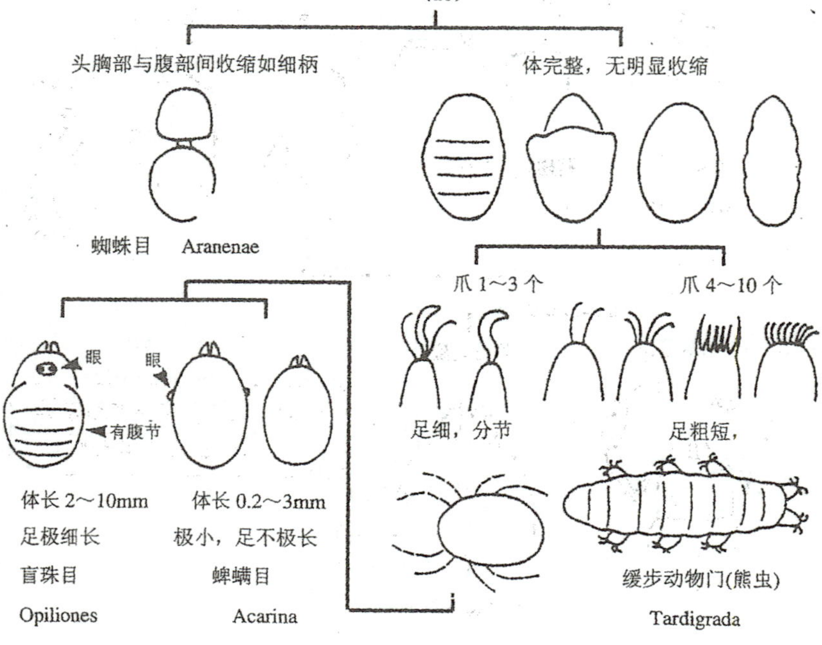
头胸部与腹部间收缩如细柄
体完整，无明显收缩
蜘蛛目 Aranenae
爪 1～3 个
爪 4～10 个
眼
眼
有腹节
足细，分节
足粗短，
体长 2～10mm
足极细长
盲珠目
Opiliones
体长 0.2～3mm
极小，足不极长
蜱螨目
Acarina
缓步动物门(熊虫)
Tardigrada

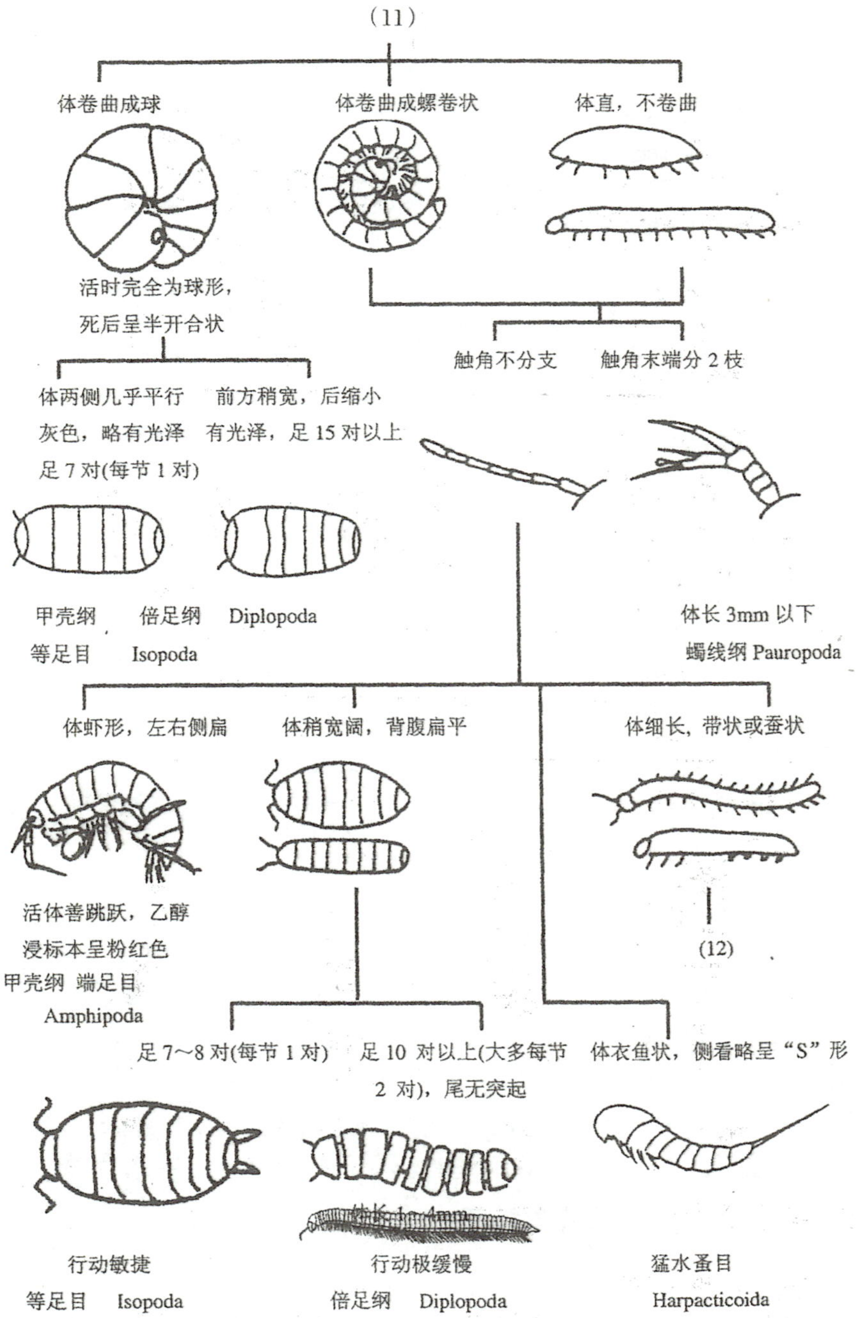

(11)
体卷曲成球
体卷曲成螺卷状
体直，不卷曲
活时完全为球形，
死后呈半开合状
触角不分支
触角末端分 2 枝
体两侧几乎平行
灰色，略有光泽
足 7 对(每节 1 对)
前方稍宽，后缩小
有光泽，足 15 对以上
甲壳纲
等足目
倍足纲
Isopoda
Diplopoda
体长 3mm 以下
蠋线纲 Pauropoda
体虾形，左右侧扁
体稍宽阔，背腹扁平
体细长，带状或蚕状
活体善跳跃，乙醇
浸标本呈粉红色
甲壳纲 端足目
Amphipoda
(12)
足 7～8 对(每节 1 对)
足 10 对以上(大多每节
2 对)，尾无突起
体衣鱼状，侧看略呈“S”形
行动敏捷
等足目 Isopoda
行动极缓慢
倍足纲 Diplopoda
猛水蚤目
Harpacticoida

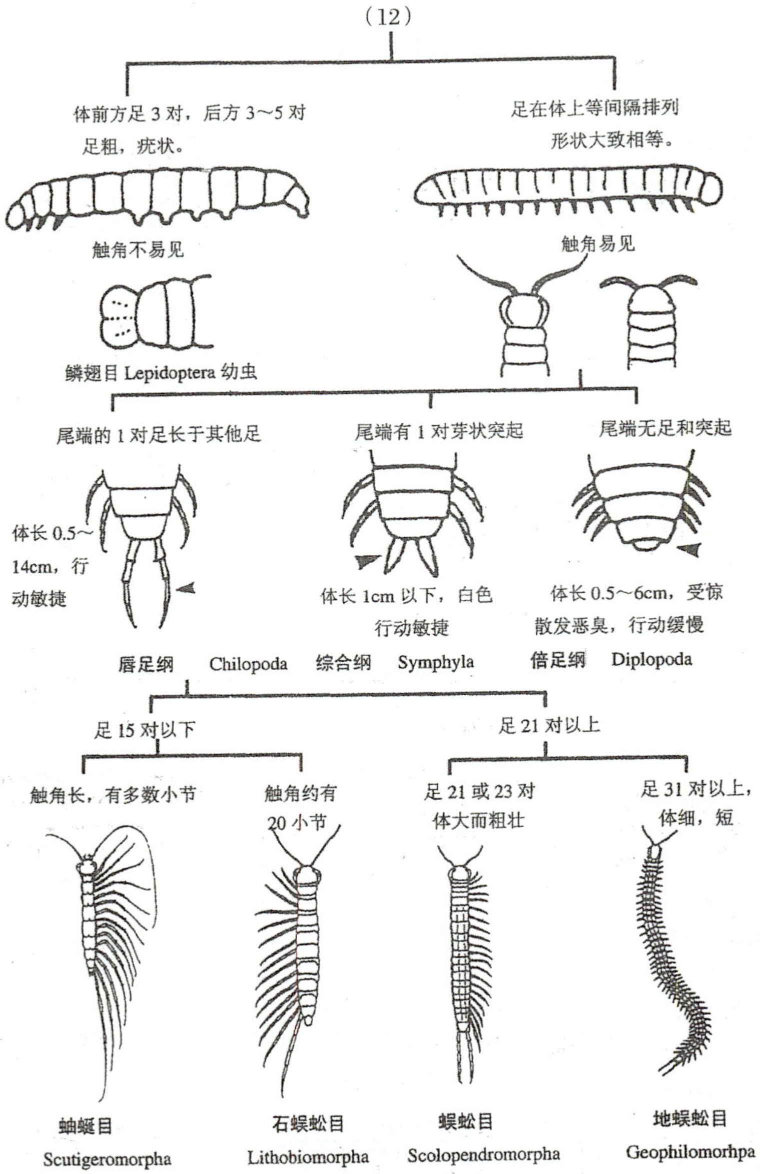

二、各主要类群及其分类检索

(一)线虫动物(Nematoda)

土壤中的线虫为自由生活的二侧对称、体不分节的小型蠕虫形动物，身体圆柱形，二端尖细；体长通常介于 0.5~2.5 mm；体表被覆角质层，有的种类角质膜上有棘、刚毛和鳞片等，是土壤中最多的非原生动物，已报道种类达 1 万多种，每平方米土壤的线虫个体数达 10^5~10^6 条。线虫一般喜湿，主要分布在有机质丰富的潮湿土层及植物根系周围。它们的主要取食对象为细菌、真菌、低等藻类和土壤中的微小原生动物。土壤线虫对土壤微生物的密度和结构起控制和调节作用，还通过捕食多种土壤病原真菌防止土壤病害的发生和传播。

线虫动物主要分类群检索表

1. 身体尾端无尾感器，有尾腺，排泄器官腺状，由单细胞或多细胞腺体组成 …………… 无尾感器纲(Aphasnida)或有腺纲(Adenophorea)

1)刺嘴亚纲(Enoplia)：咽柱形或圆锥形，前端细长，后端膨大。咽腺 5 个或更多。

(1)刺嘴目(Enoplida)：体小型或中型。头感器排列成 3 圈，第 1 圈为6 个唇乳突，第 2 圈为 6 个感觉毛，第 3 圈为 4 个感觉毛。如三孔线虫(*Tripyla*)、托布利线虫(*Tobrilus*)等。

(2)单齿目(Monochida)：头感器排列成 2 圈，第 1 圈为 6 个锥形突起，第 2 圈 10 个锥形突起，口部角质化，具一块状齿，咽腺 5 个，排泄器退化。如单齿线虫(*Monochus*)、锉齿线虫(*Mylonchulus*)。

(3)矛线目(Dorylaimida)：口腔中具有一长的可伸缩的矛刺，咽前端细长肌肉质，后端膨大腺状。头部 16 个突起排成 2 圈，第 1 圈 6 个，第 2 圈 10 个。如矛线虫(*Dorylaimus*)、垫刃咽线虫(*Tylencholaimus*)、矛咽线虫(*Dorylaimellus*)。

2)色矛亚纲(Chromadoria)：咽圆柱形，其前后端为球形，中间细窄如峡状，咽腺 3 个，为单细胞腺体。

(1)色矛目(Chromadorida)：具螺旋形化感器，头感器在极前端，排列成 1 圈或 2 圈，口囊内具齿，咽前后端具球形膨大，体表角质层具环状或刻点状装饰。如色矛虫(*Chromadora*)。

(2)单宫目(Monhysterida)：头具分散的纲毛，化感器成环状。体表光滑或具环纹，有时纲毛排列成 4 或 8 个纵列。如真单宫线虫 (*Eumonhystera*)、棱咽线虫 (*Prismatolaimus*)。

2. 身体尾端具 1 对尾感器，无尾腺，化感器不发达；排泄器官为胞管状，位于身体两侧上皮索内；咽腺通常 3 个 …………………………………………………… 尾感器纲(Phasmida)或胞管肾纲(Secernentea)

1)小杆亚纲(Rhabditida)：咽多分为 3 部分，但末端球内常具有瓣膜。雄性个体具发达的交合囊。

小杆目(Rhabditoidea)：小型到中型线虫，头感器均为乳突状，其数目 6~12 个不等。口囊为长管状，咽可分为 3~5 部分。卵巢 1~2 个。如小杆线虫(*Rhabditis*)、钩唇线虫(*Diploscapter*)。

2)双胃线虫亚纲(Diplogasteria)：体表具环纹，有刻点，唇不发达，咽分为 4 部分，有瓣膜，固定在峡之前。

刃线虫目：唇区光滑发达，化感器位于唇上，口囊类具长刺；排泄器官仅有 1 条纵管，分布于身体一侧；雌虫有 1~2 个卵巢，雄虫有 1 对尾感器。如垫刃线虫 (*Tylenchulus*)、盘旋线虫(*Rotylenchus*)、真滑刃线虫(*Aphelenchus*)。

(二)环节动物(Annelida)

主要是一些寡毛纲和蛭纲的环节动物，通常依据生活场所、外形的结构特点进行分类。

寡毛类为蠕虫型，体型大小差别很大。最小的个体不足 1mm，最大的蚯蚓体长达 1~3 m。身体通常圆柱形，有时略扁，体表分节明显。陆生的蚯蚓体节数较多，最多的可达 600 节，一般在 100~200 节之间。口前叶不发达，常成一小叶状或锥状盖在口上，口前叶也不具触手、触须等结构。口均位于围口节上,咽不外翻,咽上无齿,肛门开口在身体末端。体表有刚毛,不同种刚毛的数目、排列方式有所不同。一般每个体节有1对侧刚毛束(或背侧刚毛束)及1对腹刚毛束。每束刚毛的数目为1~25不等。刚毛的形状因种而异,可形成毛状、钩状、叉状、S状等多种。刚毛是由体壁中表皮细胞形成的刚毛囊分泌的。刚毛囊有伸肌及缩肌控制其运动,每个刚毛囊可分泌1根或1束刚毛,刚毛脱落后可重新分泌形成。体表除了有口与肛门分列于身体两端之外,还有肾孔、生殖孔开口在固定的体节上。背中线上还有数目不等的背孔(dorsal pores),它是体腔直接与外界相通的小孔。由小孔排出的体液可以滑润及潮湿皮肤,有助于在土壤中钻行。性成熟时,身体前端的几个体节体壁的腺体加厚,膨胀而形成一环带(Clitellum),这是寡毛类动物的第二性征,即性成熟时才出现的特征。

寡毛类的分类方法过去一直是根据雄性生殖孔在精巢体节隔膜的前后分为近孔目(Plesiopora)、前孔目(Prosopora)及后孔目(Opisthopora)3个目。近年来有学者根据生殖腺、环带及刚毛等结构将寡毛类分为以下3目:带丝蚓目、颤蚓目和单向蚓目。土壤中的寡毛类大都属于单向蚓目。

环节动物寡毛纲主要分类群检索表

1. 具4束简单的或分叉的刚毛,每束2根;精巢在第10和第11节上,卵巢在第12节和13节上,或只在第12节上,雄性生殖孔在精巢之后一节;环带薄;半陆生生活 ……………………………………………………… 单向蚓亚目(Haplotaxina),如单向蚓(*Haplotaxis*)
2. 每节4对简单的刚毛;精巢1~2对,位于精巢囊中,雄性生殖孔1~2对,在相关精巢囊之后一节的后缘处,卵巢1对,环带薄,有的是大型蚯蚓 ……………………………………………………………… 链胃蚓亚目(Moniligastrina),如链胃蚓(*Moniligaster*)、杜拉蚓(*Drawida*)
3. 刚毛简单,8个,有时很多,排成环状;精巢1~2对,一般在10~11节,雄性生殖孔1对,位于后精巢之后2个或更多的体节上,即在14节之后,卵巢1对,位于第13节,环带较厚,卵黄较少 ………………………………………………………… 正蚓亚目(Lumbricina)

1)雄性生殖孔开口在第 15 节环带之前,如正蚓(*Lumbricus*)、爱胜蚓(*Eisenia*)、异唇蚓(*Allolobophora*);

2)雄性生殖孔开口在第 17 节,如寒蚓(*Ocnerodrilus*);

3)雄性生殖孔开口在第 18 节,如巨蚓(*Megascoler*)、环毛蚓(*Pheretima*)等。

(三)软体动物(Molluscs)

土壤软体动物几乎全部为腹足纲肺螺亚纲动物,通常依据贝壳的结构特点进行分类。

肺螺亚纲(Pulmonata):本鳃消失,代之以右侧外套腔内壁充血形成“肺”进行气体交换,具 1 个心耳、1 个肾。神经系统集中在前端食道周围。壳存在或成遗迹,成年后无板。雌雄同体。

肺螺亚纲主要分类群检索表

1. 具 2 对触手,眼位于后触手顶端,故名。壳发达或退化。两栖或完全陆生生活 ………………………………… 柄眼目(Stylommatophora)

1)巴蜗牛科(Bradybaenidae):贝壳形态多样,小型到大型。螺旋部较发达,体螺层大,膨胀。壳口无突起,口缘完整。齿舌常有中央齿、侧齿和缘齿,其上并有小齿。生殖系统具一矢囊,其内有石灰质的念矢。如巴蜗牛(*Bradybaena*)、华蜗牛(*Cathaica*)。

2)瓦娄蜗牛科(Vallonidae):贝壳微小,壳质薄,易碎,半透明,呈圆锥形。壳高 1~2mm,宽 2~3.5mm。有 3~5 螺层。顶部几个螺层增长缓慢,体螺层膨大。壳顶钝,缝合线深。壳口圆形或椭圆形。脐孔大而深。如瓦娄蜗牛(*Vallonia*)。

3)艾纳螺科(Enidae):贝壳小型到中型,虫蛹形。壳质稍厚,坚实。壳高 8~26mm,宽 4~10mm。通常 6~9 螺层。顶部几个螺层增长缓慢,略膨大。体螺层增长稍快,膨大,缝合线深。壳口梨形或椭圆形,口缘较薄或肥厚,完整。脐孔小或不明显。如奇异螺(*Mirus*)、杂斑螺(*Subzebrinus*)。

4)钻头螺科(Subulinidae):贝壳小型到中型,呈长塔形。壳质薄,易碎,半透明,有光泽。壳高 7~25mm,宽 2~8mm。顶部几个螺层增长缓慢，略膨大。体螺层增长稍快，膨大，缝合线深。壳口菱形或椭圆形，口缘较薄而完整。脐孔无或狭小。如钻头螺（*Opeas*）、轴螺（*Tortaxis*）。

5）玛瑙螺科（Achatinidae）：贝壳大型，壳质稍厚，有光泽。壳高130mm，宽50mm。6~8个螺层。各螺层增长缓慢，螺旋部圆锥形。体螺层膨大，高度约为壳高的3/4。壳顶尖，缝合线深。壳口卵圆形，口缘薄而锋利。无脐孔。如玛瑙螺（*Achatina*）。

6）内齿螺科（Endodontidae）：贝壳小型，壳质薄，易碎，较坚实，呈扁圆盘形。壳高3.5~4.5mm，宽7.5~8.5mm。有4~6个螺层。顶部几个螺层增长均匀缓慢，略膨大。体螺层增长稍快，膨大，缝合线深。壳口卵圆形，口缘薄而锋利。脐孔大而深。如圆盘螺（*Discus*）。

7）石蟥科（Onchidiidae）：无贝壳，身体长椭圆形。外套膜革质，微隆起，覆盖整个身体。背部有许多突起及分布不均一的背眼。背部灰黄色或灰黑色，腹面淡褐色。足长大肥厚。头具触角1对。如石蟥（*Onchidium verruculatum*）。

8）琥珀螺科（Succineidae）：贝壳小型到中型。壳质较薄，易碎。体螺层急剧增长，膨大。壳顶缝合线深，壳口呈梨形或狭椭圆形，无脐孔。如琥珀螺（*Succinea*）。

9）烟管螺科（Clausiliidae）：贝壳小型至中型，大多左旋，极少数右旋。呈长纺锤形或长塔形。壳口小，梨形或圆菱形，似烟管口。壳顶缝合线明显，体螺层包括8~16螺层。脐孔小或无脐孔。如真管螺（*Euphaedusa*）、拟管螺（*Hemiphaedusa*）、丽管螺（*Formosana*）。

10）蛞蝓科（Limacidae）：身体裸露而柔软，无外壳。外套膜被覆身体上方部分，位于体前约1/3处，其内有一退化的贝壳。如野蛞蝓（*Agriolimax*）、真蛞蝓（*Eulimax*）。

11）嗜粘液蛞蝓科（Phiolomycidae）：身体裸露而柔软，无外壳。外套膜被覆全身。体表具丰富的粘液，光滑。如嗜粘液蛞蝓（*Phiolomyyycus*）。

2. 只具 1 对触手，眼位于触手基部，故名。壳发达或退化，陆生生活 ……………………………………………… 基眼目(Basommatophora)

1)椎实螺科(Lymnaeidae)：贝壳小型到大型。壳质薄而坚实，呈耳状或锥形。体螺层极膨大，占贝壳绝大部分。缝合线明显。壳口呈卵园形或椭圆形。脐孔或明显或小，缝状。常栖息于近水的沿岸带。如萝卜螺(*Radix*)、椎实螺(*Lymnaeus*)。

2)扁卷螺科(Planorbidae)：贝壳小型到大型。壳质坚实，呈厚圆盘状狭长的扭曲形。各螺层均匀缓慢生长，螺层上部呈平面状，下面螺层阶梯状凹入，形成漏斗状脐孔。螺层间缝合线明显。常栖息于近水的沿岸带。如多旋螺(*Anisus*)、圆扁螺(*Hippeutis*)。

(四)节肢动物(Arthropoda)

土壤节肢动物主要包括蛛形纲（Arachnoida)、陆生甲壳纲(Crustacea)、倍足纲(Diplopoda)、唇足纲(Chilopoda)、综合纲(Symphyla)和昆虫纲(Insecta)等动物。

节肢动物主要分类群检索表

1. 身体分为头胸部与腹部，有些类群头胸部与腹部也愈合；无触角，头胸部具有 6 对相同的附肢；具书肺或气管 ……… 蛛形纲(Arachnoida)
2. 头胸部连合；头部第 2、第 3 节附肢为第 1 第 2 对触角，第 4 对为大颚 ……………………………………………………… 甲壳纲(Crustacea)
3. 多数身体呈圆柱形，少数身体细长，背腹扁平。身体分成头部和躯干部，由多数体节构成，11~100 多节不等。头部向前凸出，具 1 对触角。眼或有或无。躯干部第 1 体节没有附肢，第 2~4 体节每节 1 对附肢，其他体节每节 2 对附肢 ………………… 倍足纲(Diplopoda)

(1)触颚亚纲(Pselaphognatha)：体小型，体壁柔软，具成束或成行的纲毛，躯干部具 13~17 对附肢，无生殖肢。

(2)唇颚亚纲(Chilognatha)：体中到大型，体壁坚硬有钙质，有生殖肢。如马陆(*Glomeris*)、带马陆(*Polyzonium*)。

4. 身体细长，背腹扁平，分为头部和躯干部。头部有 1 对触角和 1 对单眼。躯干部体节数不等,可由十几节到100多节,除最后2节外,每节有1对附肢,第1体节的附肢变为颚足 …… 唇足纲(Chilopoda)

(1)地蜈蚣目(Geophilomorpha):具30~170对足,无眼。如地蜈蚣(*Geophilus*)。

(2)蜈蚣目(Scolopendromorpha):具21~23足,眼或有或无。如巨蜈蚣(*Scolopendra*)。

(3)石蜈蚣目(Lithobiomorpha):具15对足,体侧气孔成对。如石蜈蚣(*Lithobius*)。

(4)蚰蜒目(Scutigeromorpha):具15对足,足及触角特长,气孔不成对,开口在背板的背中线上。如蚰蜒(*Scutigera*)。

5. 体小,形似蜈蚣。触角长,1对,多节。大颚1对,小颚2对。最多有12个具足的体节。生殖孔开口在第3~4体节间 …………………… 综合纲(Symphyla)如么蚰(*Scutigerella*)、么蚣(*Scolopendrella*)

6. 体分为头、胸、腹三部分。头部6体节,具1对触角;胸部3体节,每节着生1对步足,中、后胸背部各有1对翅;腹部成体通常11对体节,最多12体节 ………………………………… 昆虫纲(Insecta)

1. 蛛形纲(Arachnoida)

蛛形纲约有36000余种,是节肢动物门中仅次于昆虫纲的第二大纲。有的躯体区分为头胸部和腹部,有的分为头、胸、腹三部分,也有头胸腹愈合为一体的。无触角,头胸部6对附肢,第1对为螯肢,第2对为触肢,后4对为步足,腹部无附肢或附肢变成栉状器或纺绩器。头胸部、腹部间常由细腰相连接。步足分为7节,即基节、转节、腿节、膝节、胫节、后跗节、跗节,末端具爪,有的2爪,有的3爪,这些都是分类的标志。

在蛛形纲中,从分布、种群、体型变化、生境差异等诸方面,蜘蛛目远胜其它目。在除蜘蛛目外的各目中,能识别到目名已属难得。但蜘蛛目的蛛类,如果一概称为“蜘蛛”,作为生物系学生来说知识面就太窄了,应掌握主要的、常见科的特征,以科名称谓蜘蛛才属正常(要求属种是不现实的,除非对此特别感兴趣的学生可稍引导)。我国已知有2360种,隶属于450属56科。

在识别蜘蛛科类前,对蜘蛛的外形结构应该复习一下(图4-4-A)。特别要提出采集时应采到成熟个体(幼体弃去),雄蛛的触肢器颜色变深,紫褐色膨大如双锤(图 4–4–B);雌蛛在腹部中央的外生殖器(常称外雌器,图 4–4–A–12)因成熟角化而呈紫褐色。因而采到蜘蛛先判定其成熟与否,成熟的留下固定。

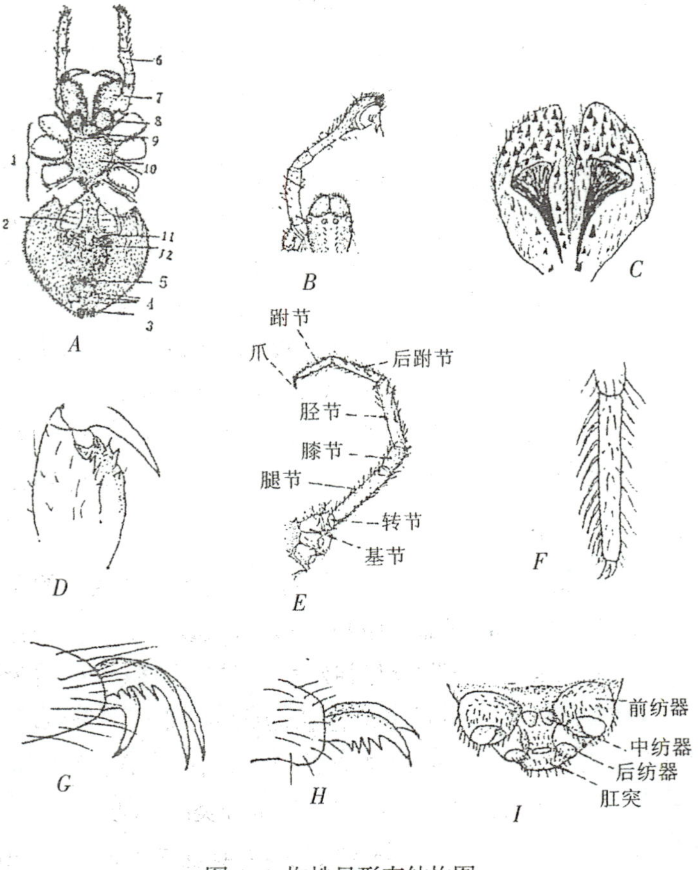

图 4–4 蜘蛛目形态结构图

A. 雌蛛腹面图(1. 步足基节, 2. 书肺, 3. 肛突 ,4. 纺器, 5. 舌状体, 6. 触肢 ,7. 螯肢(螯爪左右活动), 8. 颚叶 ,9. 下唇, 10. 胸板 ,11. 生殖沟, 12. 外雌器); B~I. 蜘蛛形态结构图

蛛形纲动物的分目检索表

1. 腹部分节明显 …………………………………………………… 2

   腹部不分节或分节不明显 ………………………………………… 7

2. 腹部末端有显著的螯针，第 2 腹节下有 1 对可动的栉状器 ……………………………………………………… 蝎目(Scorpionida)(图 4-6-A)
腹部末端无螯针，无栉状器 ……………………………………………… 3
3. 头胸部的最末 1 节、2 节或 3 节分离不愈合 …………………………… 4
头胸部完全愈合 …………………………………………………………… 5
4. 无尾鞭，最后 1 对步足基部有球拍状感觉器、气管呼吸 ……………………………………………………… 避日目(Solpugida)
有尾鞭，短，最多由 3 节组成 ……………… 短尾鞭蝎目(Schizomida)
5. 头胸部不与腹部愈合，尾鞭长向分节，第 1 对步足细长 ……………………………………… 长尾鞭蝎目(Uropygn)(图 4-6-B)
头胸部与腹部愈合 ……………………………………………………… 6
6. 触肢钳状 …………………… 拟蝎目(Pseudoscorplonida)(图 4-6-C)
触肢非钳状 ………………………… 盲蛛目(Phalangida)(图 4-6-D)
7. 腹部以细窄的腹柄与头胸部相连，有纺器 ……………………………………………………… 蜘蛛目(Araneida)(图 4-6-F)
腹部与头胸部愈合，无纺器 ………… 蜱螨目(Acarina)(图 4-6-E)

蜘蛛目常见科的分类检索

1. 螯肢上的螯爪上下活动(并列着生)；螯肢有螯耙(密生小刺)(4-4-C)；8 眼密集一丘(图 4-5-A)。常栖浅土中 ……… 蝰蟷科(Ctenizidae)
螯肢上的螯爪左右活动(相对着生)(图 4-4-A-7)，无螯耙；一般 8 眼分开。结网或游猎 ……………………………………………… 2
2. 步足 3 爪(图 4-4-G) …………………………………………………… 3
步足 2 爪(图 4-4-H) …………………………………………………… 8
3. 腹部末端的纺器呈圆锥形，密集成一丛；腹部都有各色斑纹 (图 4-5-B)，一般结圆形网，且与地面作垂直布网 ………… 园蛛科(Araneidae)
6 个纺器彼此散列，呈圆筒状，不密集成丛 ……………………… 4
4. 螯肢特别发达而长形；齿堤上的齿多而强。(图 4-5-B)一般体细长，足更细长 …………………………………… 肖蛸科(Tetragathidae)
螯肢正常；齿堤齿一般。体型多样而足不显细长，网型不一 ……… 5
5. 第 4 对步足跗节的腹面有毛梳(系由 1 行弯曲的毛构成)(图 4-4-F)；

螯肢后齿堤上无齿:8眼前中眼黑色,余均白色(图4-5-D) ……… ……………………………………………………… 球蛛科(Theridiidae)

第4对步足跗节上无毛梳:螯肢前后齿堤均有齿(图4-4-D) …… 6

6. 8个单眼排成4列，由于前中眼较小，其它6眼显排列成6角形（图4-5-E),腹末端尖削 ………………………… 猫蛛科(Oxyopjdae)

8个单眼排成2–3列,腹末端不显尖削而钝圆 ………………… 7

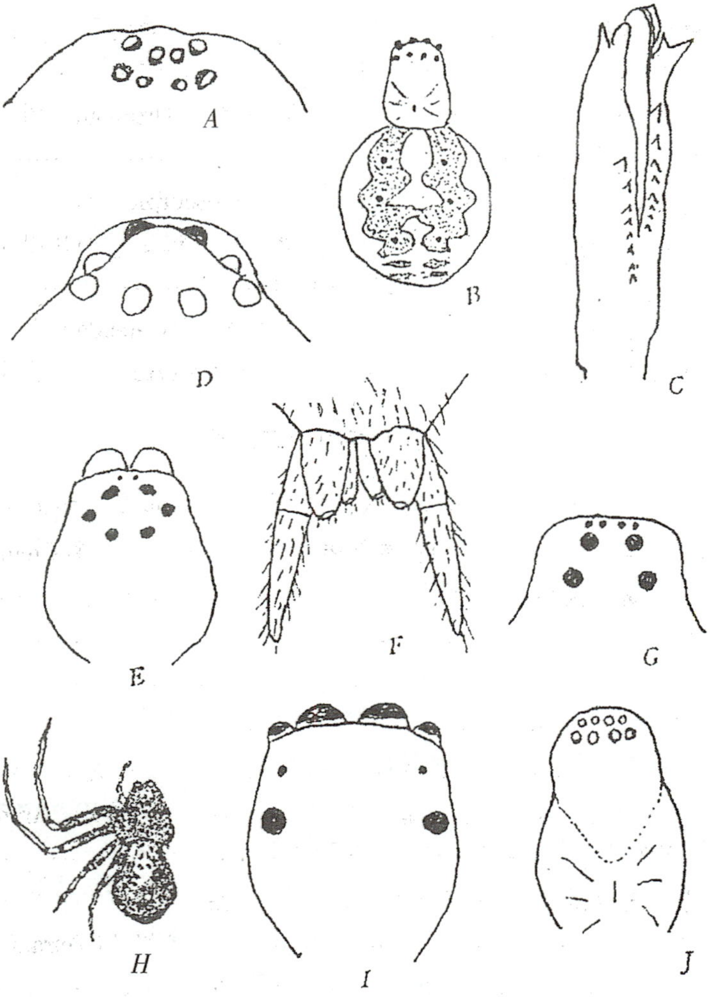

图4–5 蜘蛛目形态结构特征

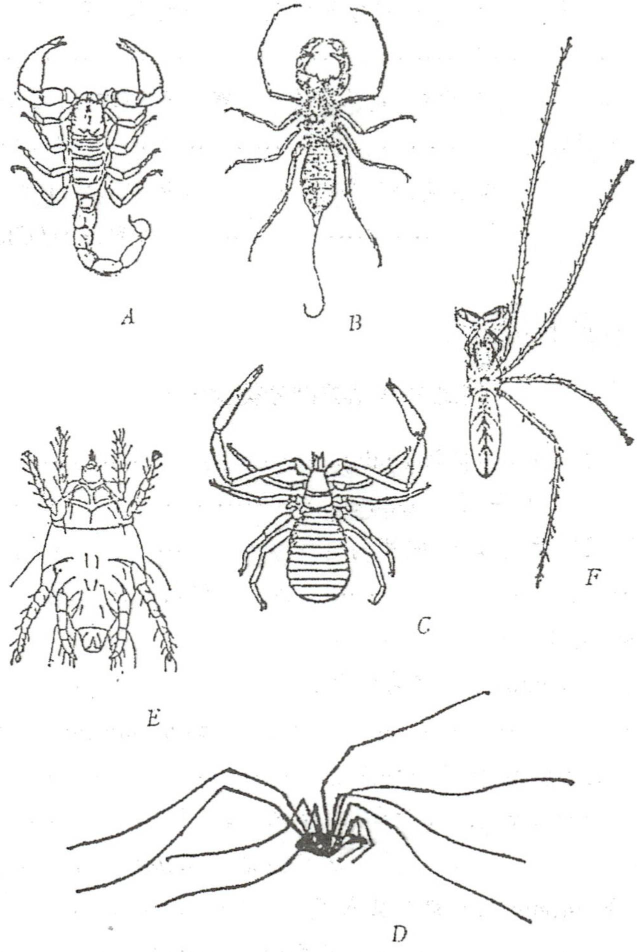

图 4-6　蛛形纲 6 目代表动物

A. 钳蝎;B.鞭蝎;C.拟蝎;D.盲蛛;E.恙螨;F.蜘蛛

7. 8 眼排列成 2 列。结漏斗形密网(网中有一漏斗形孔),后纺器 2 节较长(图 4-4-F),但绝非极长 ………………………… 漏斗蛛科(Agelenidae)

8 眼排列成 3 列,前列眼均小,后 2 列眼大,全为黑色(图4-5-G)。不结网,为地面或叶上游猎型蜘蛛 ………………… 狼蛛科(Lycosidae)

8. 步足左右伸展,似蟹状,前 2 对足粗而长,后 2 对足细而短,可横行或后退(图 4-5-H) ……………………………… 蟹蛛科(Thomisidae)

步足前后伸展(2个稍长的前纺器相互靠近或接触,不明显分开)
…………………………………………………………………… 9

9. 8眼排列成3列,全为黑色,前中眼较大,着生于头前,似车灯状。游猎不结网(图4-5-I) …………………………… 跳蛛科(Salticidae)

8眼排列成2列全为白色,前中眼正常。产卵时常用蛛丝卷叶成粽状
…………………………………………… 管巢蛛科(Clubionidae)

2. 倍足纲(Diplopoda)

倍足纲常见类群分类检索表

1. 每体节有足1对(唇足目 Chilopoda) …………………………… 2

每体节有足2对(倍足目 Diplododa) …………………………… 5

2. 步足细长,15对,长超过体宽的3倍以上 ……………………
…………………………… 蚰蜒属(*Thereuronema*)(图4-7-a)

步足很短,与体宽等长 ……………………………………… 3

3. 体长100~130mm,红头绿身黄足,足20对 ……………………
…………………………… 巨蜈蚣属(*Scolopendra*)(图4-7-b)

体长不超过80mm,体色不如上述 ……………………………… 4

4. 体细长(40~80mm),整体黄色,步足38~40对 ………………
………………………… 地蜈蚣属(*Geophilomorpha*)(图4-7-c)

体粗短(30~40mm),灰褐色或黄褐色,步足14对 ………………
………………………… 石蜈蚣属(*Lithoboimorpha*)(图4-7-d)

5. 体粗而短,体长不超过30mm,触之能卷曲成圆球状 …………
………………………… 球马陆属(*Oniscomorpha*)(图4-7-e)

体纵长,体长20~180mm不等,体只能略作C形弯曲,不能卷曲成球形状 ……………………………………………………… 6

6. 体圆柱形,黑褐色,表面光滑,一般体长在120mm左右 …………
………………………… 巨马陆属(*Prospirobolus*)(图4-7-f)

体长20mm左右,体色黑褐色,有黄斑,能作C形弯曲 ……………
…………………………………… 酸马陆属(*Oxidus*)(图4-7-g)

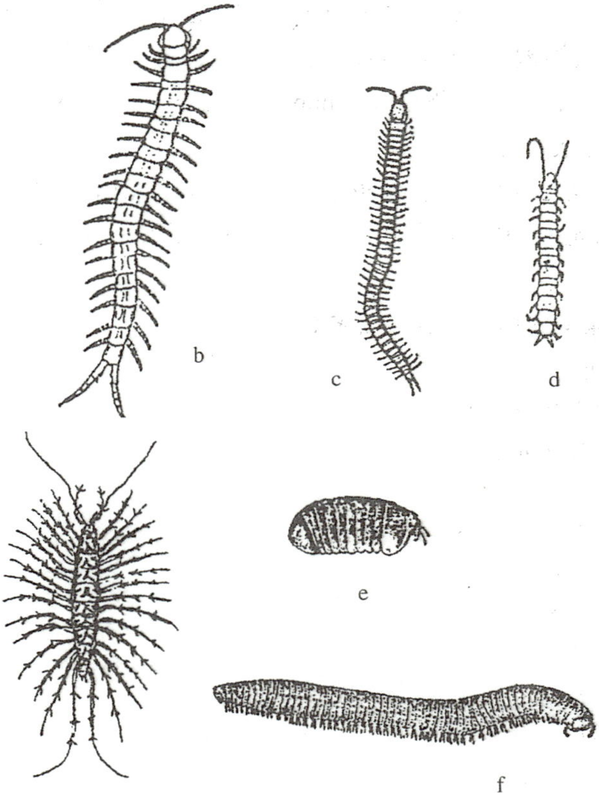

图 4–7 倍足纲代表动物

a. 蚰蜒;b. 少棘蜈蚣;c. 地蜈蚣;d. 石蜈蚣;e. 球马陆;f. 大马陆

3. 甲壳纲(Crustacea)

陆生甲壳纲动物,主要为软甲亚纲等足目的一些类群。主要特征为体扁,无背甲。眼坐生。后触角无外肢。第 1 对变成颚足。腹枝分 2 支,成鳃片状。尾枝杆状,不成尾鳍。常见的有潮虫(*Onidcus*)、鼠妇(*Porcelio*)、木鳖(*Armadillidium*)等。

4. 昆虫纲(Insecta)

昆虫纲是动物界中最大的一纲,约占动物界已知种类数的 80%以上,与人类的关系也最密切。土壤昆虫包括原尾目(Protura)、弹尾目(Collembola)、双尾目(Diplura)、缨尾目(Thysanura)、缨翅目

(Thysanoptera)、直翅目(Orthoptera)、鳞翅目(Lepidoptera)、半翅目(Hemiptera)、等翅目(Isoptera)、鞘翅目(Coleoptera)、双翅目(Diptera)、膜翅目(Hymenoptera)、同翅目(Homoptera)、革翅目(Dermaptera)和蜚蠊目(Blattaria)等众多类群。

昆虫分类及区系调查等是内陆高校无脊椎动物学野外实习的主要内容之一。为此,有关该纲的实习指导将在下一章作专门介绍。

附:常见土壤动物所属门、纲、目名录

原生动物门 Protozoa

根足纲 Rhizopodea

扁形动物门 Plathelminthes

涡虫纲 Turbellaria

笄蛭涡虫科 Bipaliidae

轮虫动物门 Rotifera

线虫动物门 Nemam

环节动物门 Annelida

寡毛纲 Oligochaeta

蛭纲 Himdinea

软体动物门 Mollusca

腹足纲 Gastropoda

中腹足目 Mesogastropoda

柄眼目 Stylommatophom

基眼目 Basommatophora

缓步动物门 Tardigrada

节肢动物门 Arthropoda

蛛形纲 Arachnida

蝎目 Scorpionida

有鞭目 Uropygi

裂盾目 Schizomida

蜘蛛目 Aranenae

伪蝎目 Pseudoscomiones

盲蛛目 Opiliones

蜱螨目 Acarina
甲壳纲 Crustacea
端足目 Amphipoda
等足目 Isopoda
猛水蚤目 Harpacticoida
倍足纲 Diplopoda
唇足纲 Chilopoda
蚰蜒目 Scutigeromorpha
石蜈蚣目 Lithobiomomha
蜈蚣目 Scolopendromomha
地蜈蚣目 Geophilomorpha
综合纲 Symphyla
蠋线纲 Pauropoda
昆虫纲 Insecta
原尾目 Protura
弹尾目 Collembola
双尾目 Diplura
石蛃目 Microcoryphia
蜚蠊目 Blattoptera
革翅目 Dermaptera
等翅目 Isoptera
直翅目 Isoptera
啮虫目 Psocoptera
缨翅目 Thysanoptera
半翅目 Hemiptera
脉翅目 Neuroptera(幼虫)
鳞翅目 Lepidoptera(幼虫)
鞘翅目 Coleoptera
膜翅目 Hymenoptera
双翅目 Diptera

第五章　陆生昆虫

第一节　陆生昆虫简介

昆虫是动物界中最大的一纲,其种类数约占节肢动物门中的94%以上,并占动物界已知种类数的80%以上;昆虫与人类的关系也很密切,人们在从事生产劳动和日常生活时,几乎时刻都与昆虫发生关系。作为节肢动物门中一个主要的纲,昆虫纲主要特征是:

(1)体分头、胸、腹3部分;

(2)胸部具3对足;

(3)多数种类的胸部具有2对翅,但也有前翅或后翅退化的种类。

昆虫分布很广,水、陆、空都有。水生昆虫中营底栖生活的类群已经在"底栖动物"一章作了介绍,此章主要介绍陆生昆虫的采集、标本制作和保存以及分类检索等。

第二节　昆虫采集、标本制作和保存

一、采集地点及方法

(一)采集地点

昆虫分布很广,水陆空都有,以春、夏、初秋为多。此时很多种类栖息在草丛花间、溪边丛林等处。一般来说,凡植物丰富处,也是昆虫丰富的地方。可用扫网捕捉。

初春时昆虫尚未大量起飞,有时在一些荫蔽的洞穴内常可获得大批栖息的种类;或者在某些昆虫特嗜的植物上用扫网捕捉;有一些昆虫则栖息在地面且有毒菌的树叶、腐木或砖石下及一些动物尸体的附近,或土壤表面,可用网或镊子捕捉。

(二)采集方法

1. 网捕

网捕是采集昆虫标本最常见的方法之一。

(1)对于飞行迅速的昆虫,要迎头捕捉,并立即挥动网柄,使网袋下方连同虫子一并甩到网圈上来,以免虫子逃脱;水生昆虫的幼虫则可用水网伸入不同深度捞取;于溪水石块下,亦能找到若干种类的幼虫,如石蝇、石蛾、蜉蝣等。

(2)如捕到大型蝶蛾时,可在网外用手轻捏其胸部,待失去活力后再放入毒瓶或三角纸包。

(3)如果捕捉的是一些中、小型昆虫,且数量较多时,可将网袋抖落,使虫集中在底部,连网放入大口毒瓶,待虫被毒死后再取出分装、保存。

2. 振落

许多停留在枝梢、树叶上的昆虫往往不易被发现,特别是一些具"拟态"现象昆虫与环境融为一体,更难辨认。此时只要稍稍振动树干,昆虫便会受惊起飞,暴露目标;有"假死性"的昆虫,经振动后会坠地或吐丝下垂。

3. 观察搜索

许多昆虫隐蔽生活,例如土蝽、蝼蛄、一些甲虫及它们的幼虫生活在土中;天牛、象甲、小蠹虫、茎蜂等幼虫钻蛀在植物茎杆中;卷叶蛾、螟蛾等生活在卷叶中。只要我们仔细观察和搜索,便可从这类环境中采获许多种昆虫。

4. 灯诱和食诱

具有趋光性的昆虫如蛾类、蝼蛄、蟋蟀、蝽类、金龟子、叶蝉等用灯诱的方法在晚间进行诱集,有风或较凉时,此处昆虫则不活动;具有趋化性的种类如夜蛾类、蝇类等可用食物来诱捕。

二、采集工具

(一)捕虫网

1. 扫网

网圈用粗钢丝制成,直径 15 寸,网用尼龙筛布制成,柄用硬木料或金属杆。

2. 水网

方形或圆形,可用粗夏布制成,网圈上用机布。

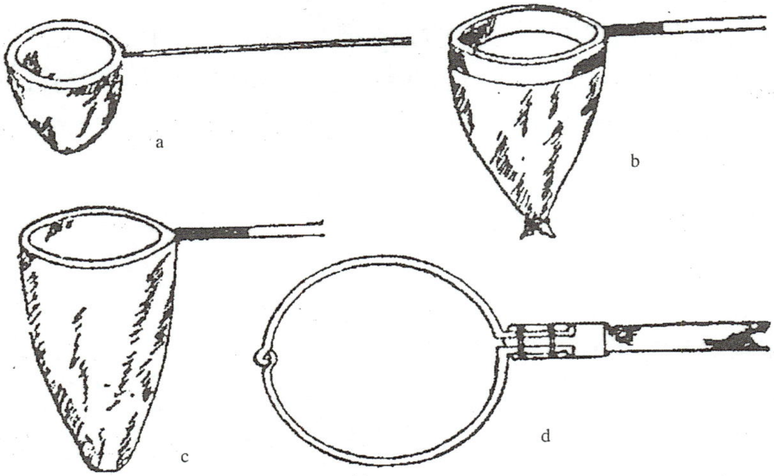

图 5–1 昆虫采集网

a. 水网;b. 飞网;c. 扫网;d. 昆虫网架结构

注意事项:

A. 对网要爱护,网须保持清洁和干燥,水网用后即须晒干,以防腐烂,扫网须避免有刺之树木。

B. 用扫网捕虫时应左右扫动,数次后清除网中杂物,把毒瓶伸入网内捕取昆虫。小的昆虫用吸虫器吸取,有毒刺的昆虫可隔网用镊子拎取放人毒瓶杀死,蝶蛾类可隔网轻按其胸部使其昏迷,再放入毒瓶或三角纸包里。

(二)毒瓶及其制备

采到昆虫后,有的需及时放入毒瓶内杀死。常用的毒瓶一般选用质量较好的磨砂广口瓶,瓶口与瓶盖间接触严密,毒气不会外溢,瓶盖不易脱落,使用安全。还可利用罐头玻璃瓶加配塑料盖或带盖的塑料杯来制作毒瓶,也很经济实用。

1. 专业采集用的毒瓶

毒剂常使用氰化钾,毒力特别强,昆虫入瓶后可迅速致死。由于此种毒剂属于剧毒，在制作、使用以及保管方面要特别注意安全。

（1）小号毒瓶或毒管。用 250 ml 的小广口瓶或大试管、小橡皮塞等制作。以钻孔器将橡皮塞钻一个 1.5 cm 深的孔，再用 5 cm 长的玻璃管插入橡皮塞的孔内；在此小玻璃管内先放入少许脱脂棉，然后放入约 0.5 g 的氰化钾，再塞以脱脂棉即可应用（图 5–2）。

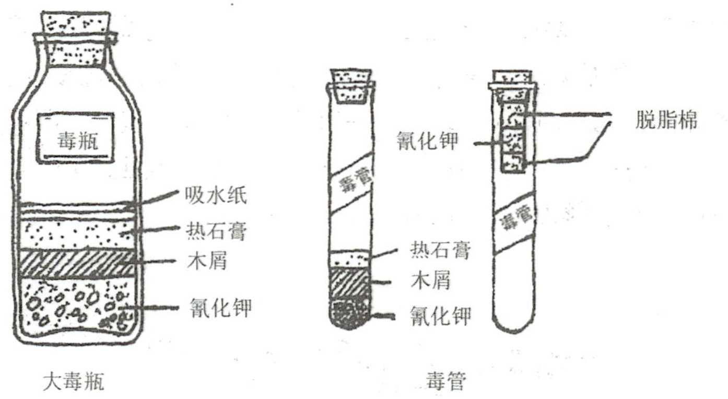

图 5–2　毒瓶和毒管的制备

（2）大号毒瓶。先将小块氰化钾或其粉末轻轻放入瓶底，摊平，一只高 15 cm、瓶底直径 8 cm 的玻璃广口瓶可放入约 5 g 的毒剂；然后在毒剂上面平铺一层 1.5 cm 厚的锯末，稍压平整；再在锯末层上平摊一层厚约 0.15 cm 的石膏粉，稍压平整；然后盖上 1 张与瓶径大小相同的滤纸片，压紧后向瓶内徐徐滴水，直到通过滤纸渗透到石膏层的底层为止，盖上瓶盖，经过 10 余小时，待石膏凝固，再放上一两张滤纸片，毒瓶即制作完成。为了加固瓶底，防止瓶底破裂毒剂散落，可以药层高度为准，在瓶外连同瓶底加粘 1 层胶布或透明胶带防护，则更加安全耐用。为携带方便，常在毒瓶体外配装背带（图 5–2）。

2. 一般采集用的毒瓶

毒剂有多种多样，如用脱脂棉蘸上适量乙醚或醋酸乙烷作毒剂，放在瓶底，上面盖一块硬纸板或薄塑料板，板上穿些小孔，使用起来也有毒效。适于学生用的毒瓶，可试用苦桃仁、枇杷仁、青核桃皮等，捣碎后包在纱布内，放入瓶底，摊平后，再盖一有孔的硬纸板，也有一定毒力。

毒瓶外面须加标记,注意安全,精心保管。此外,使用毒瓶时,不可将大型和小型、较软和较硬的昆虫混放在1个毒瓶里,以防互相残踏、碰撞和挤压,伤及虫体;鳞翅目昆虫更应单独入瓶处理。毒瓶内还可放入一些细纸条,起到隔离和缓解彼此间碰撞和挤压的作用。毒瓶内所放滤纸,主要是为了吸水解潮,应视纸的湿度和污染情况,及时更换。

(三)吸虫管及其用法

用大型指管,塞以二孔橡皮塞,孔中各插入一弯微管,一管为吸取虫之入口,另一管底端用纱布蒙住,顶端则接1~2尺长的橡皮管,其上并按一短玻管,以便卸下口内吸取。虫被吸人管后,可迅速换一附有小毒管之橡皮塞,杀死捕得之昆虫。吸虫管通常用吸取小型昆虫之用。毒死小昆虫之后,如弹原尾、缨原尾等可保存于75%的酒精中。

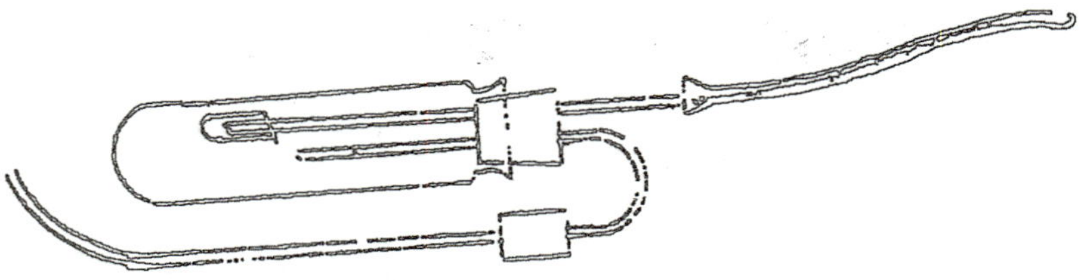

图5-3　吸虫管

三、昆虫标本制作及保存

采集获得的昆虫可根据其各自的形状、大小、质地以及成、幼虫等分别制成干标本、浸制标本、玻片标本,还可根据需要制成生活史标本,这里根据实习的实际情况只讲述干标本和浸制标本的制作过程。

(一)干标本的制作

1. 杀死

含脂肪多的昆虫幼虫可先用70%~75%酒精杀死,保存于5%福尔马林中;小型昆虫可用70%~75%酒精杀死并保存之;用氰化钾杀死之昆虫则可暂时贮藏于小标本盒内;蛾蝶、蜻蜓,则可用蜡光纸折成三角纸包,放入小标本盒内。

2. 针插

昆虫成虫标本需用昆虫针针插。

(1)昆虫针型号:昆虫针按其粗细可分为00,0,1,2,3,4,5号七种。00号最细,为短针,其它针为长针(40mm),5号针最粗。1号针则用以插入极小型昆虫,4号、5号针可插大型蛾蝶、蝉等。

(2)针插部位:各种昆虫针插的部位如图5–4。

①直翅目:蚱蜢、纺织娘等插于前胸背板中线偏右方;

②半翅目及同翅目:插于小盾片中线略偏右方;

③双翅目、膜翅目、鳞翅目、脉翅目、蜻蜓目:插于中胸正中;

④鞘翅目:插于右鞘翅基部。

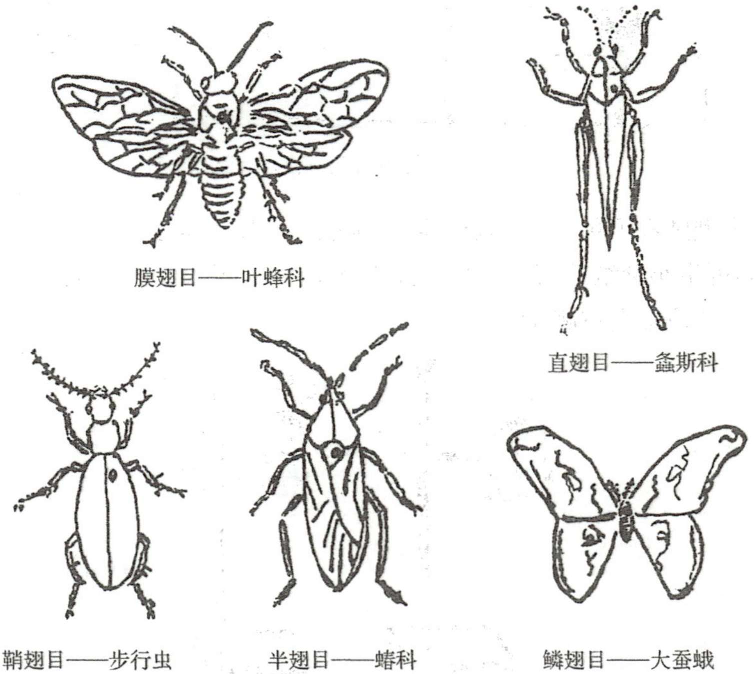

图5–4 针插昆虫标本的位置

注意事项:

A. 针插标本,须保持水平姿势,足和触角于干燥前须加以整理,若腹部下垂者,可用标签托在腹面以保持其身体水平。

B. 蛾蝶、蜻蜓、蝉等须展开翅之一边或二边。

C. 针插标本之高度可利用三阶平均台或插针台，以便保持一定高度（图 5–5）。按国际标准每级为 9 mm，第一级定昆虫的高度，以针头向下，使昆虫针头至昆虫背上方留出 9 mm；第二级定标签的高度，使昆虫、标签在针上有一定的位置。

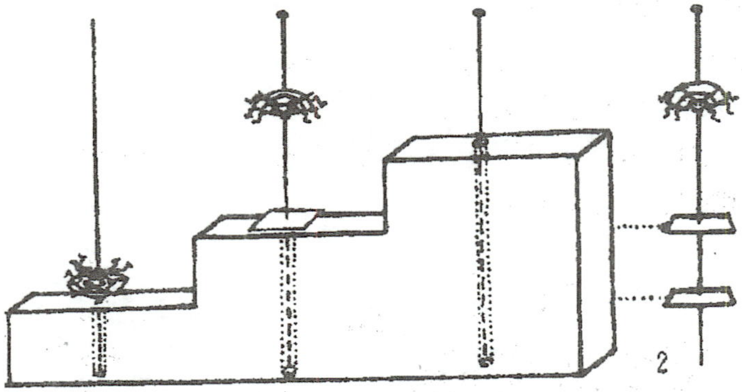

图 5–5 三级平台及其使用方法

小型昆虫可用 00 号 微针插上，再插于小软木板上或赛璐珞纸上；此外，亦可用小硬纸片剪成三角形插于针上，将三角形头端折向下方，其上涂胶水粘住虫之右侧（图 5–6）。

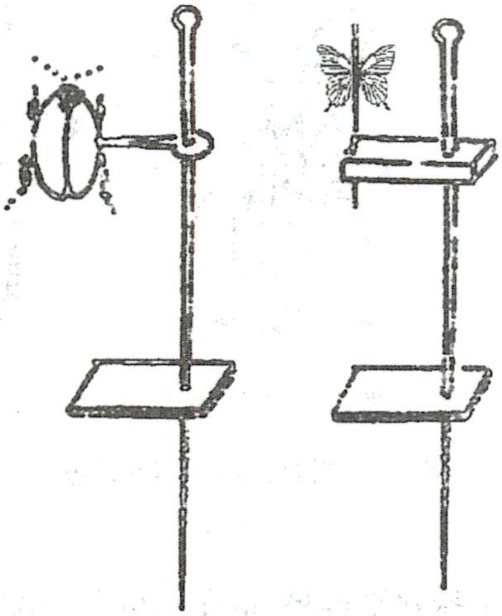

图 5–6 小型昆虫标本的制作

3. 展翅步骤及注意事项

(1)展翅标本须在柔软状态,先将标本插在展翅板槽内软木上,然后着力于翅脉上展开,不同种类的昆虫前后翅放置的位置也略有差异。

①蝶、蛾、蜻蜓等昆虫:取新鲜标本或回软后的标本,选取适宜的昆虫针,按三级台特定的高度插定,转移到展翅板的槽内,虫体的背面与两侧木板平齐,调节活动的木板,使中间的空隙与虫体的大小相适合,再将活动的木板固定。用镊子或昆虫针先拨动一对前翅,使前翅的后缘同在一直线,暂时用针固定住;再拨后翅,将前翅的后缘压住后翅的前缘,左右对称,充分展开展平;然后用光滑的纸条压住,再用大头针固定。

②脉翅目昆虫前翅后缘呈圆形,则以后翅前缘左右成一直线为准。

③双翅目、膜翅目昆虫以前翅的顶角与头左右成一直线。

④标本干燥不能展翅须将其软化,软化可用器皿,底部铺以湿沙,加入石碳酸数滴,以防霉,昆虫可放于纸板上,软化1~3日即可,时间太长则变黑。

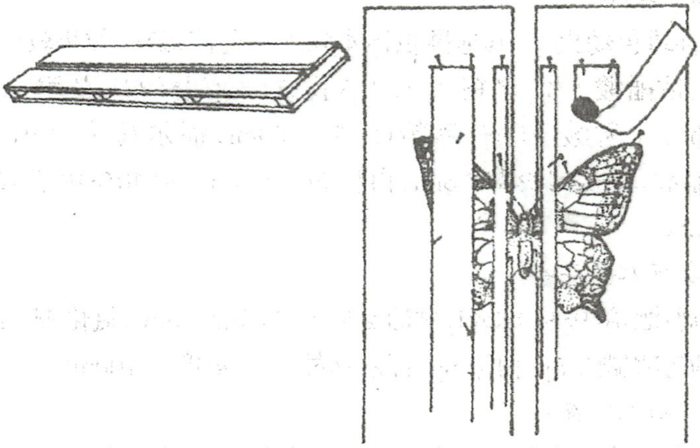

图 5-7 展翅板及展翅方法

4. 触角和附肢的整理

昆虫的触角应摆成八字形,头放平,附肢整理成自然状态。

5. 标签

记载采集地、时间、采集者。

6. 昆虫的保藏

(1)昆虫盒。可自仪器店购买,盒内四角需放置樟脑,防止虫蛀;如标本生虫则需熏蒸。

(2)液体浸制标本须用蜡封瓶口,内外均须附以标签。

(二)浸制标本的制作方法

身体柔软或微小的昆虫, 除蝶蛾外的昆虫和螨类都可以用保存液浸泡,用指形管、标本瓶或其他玻璃瓶等来保存。保存液原则上要有杀死和防腐的作用,并尽可能保持昆虫原有的体型和色泽。

常用的浸泡液及其配方有以下几种。

1. 酒精液

浓度为 75%。小形或软体昆虫先用低浓度酒精浸泡,再换 75%酒精保存。若在酒精中加入 0.5% ~ 1%的甘油,能使体壁保持柔软状态。

2. 福尔马林液

用来保存虫卵。配方为福尔马林(含甲醛 40%)1 份,水 17~19 份。

3. 醋酸、福尔马林、酒精混合液

除多种绿色幼虫外,其他昆虫标本均可用此液保存,效果较好。其配方有 3 种:冰醋酸 1 份,酒精(95%)15 份,福尔马林(40%甲醛)6 份,蒸馏水 30 份;冰醋酸 40 ml,酒精(95%)150ml,福尔马林(40%甲醛)60ml,蒸馏水 300ml;冰醋酸 5ml,白糖 5g,福尔马林(40%甲醛)2ml,蒸馏水 100ml。

4. 绿色幼虫标本保存液

注射剂:酒精(95%)90ml,甘油 2.5ml,冰醋酸 2.5ml,氯化铜 3g。

浸泡液:冰醋酸 5g,白糖 5g,福尔马林 4ml,蒸馏水 100ml。

5. 黄色幼虫标本保存液

注射剂:苦味酸饱和水溶液 75ml,冰醋酸 5ml,福尔马林 25ml。浸泡液同前。

6. 红色幼虫标本保存液

硼砂 28g,酒精(50%)100ml。

第三节 昆虫常见类群的分类检索

一、昆虫成虫分目检索

昆虫成虫分目检索表

1. 翅无,或极退化 …………………………………………………… 2
   翅 2 对或 1 对 …………………………………………………… 23
2. 无足,幼虫状,头和胸愈合,内寄生于膜翅目、半翅目及直翅目等昆虫内,仅头胸部露出寄主腹节外 ……………… 捻翅目(Strepsiptera)
   有足,头和胸部不愈合,不寄生于昆虫体内 ……………………… 3
3. 腹部除外生殖器和尾须外有其他附肢 ………………………… 4
   腹部除外生殖器和尾须外无其他附肢 ………………………… 7
4. 无触角;腹部 12 节,第 1~3 节各有 1 对短小的附肢 ……………………………………………………… 原尾目(Protura)
   有触角,腹部最多 11 节 ………………………………………… 5
5. 腹部至多 6 节,第 1 腹节具腹管,第 3 腹节有握弹器,第 4 腹节有一分叉的弹器 …………………………………… 弹尾目(Collembola)
   腹部多于 6 节,无上述附肢,但有成对的刺突或泡 ……………… 6
6. 有 1 对长而分节的尾须或坚硬不分节的尾铗,无复眼 ……………………………………………………… 双尾目(Diplura)
   除 1 对尾须外还有 1 条长而分节的中尾丝,有复眼 ……………………………………………………… 缨尾目(Thysanura)
7. 口器咀嚼式 …………………………………………………… 8
   口器刺吸式或舐吸式、虹吸式等 ……………………………… 18
8. 腹部末端有 1 对尾须,或尾铗 ………………………………… 9
   腹部无尾须 …………………………………………………… 15
9. 尾须呈坚硬不分节的铗状 ……………………… 革翅目(Dermaptera)
   尾须不呈铗状 ………………………………………………… 10

10. 前足第1跗节特别膨大,能纺丝 …………………… 纺足目(Embidina)
前足第1跗节不特别膨大,不能纺丝 …………………………………… 11
11. 前足捕捉足 ……………………………………………… 螳螂目(Mantodea)
前足非捕捉足 …………………………………………………………… 12
12. 后足跳跃足 ……………………………………………… 直翅目(Orthoptera)
后足非跳跃足 …………………………………………………………… 13
13. 体扁,卵圆形,前胸背板很大,常向前延伸盖住头部 ………………
…………………………………………………………………… 蜚蠊目(Blattaria)
体非卵圆形,头不为前胸背板所盖 ………………………………… 14
14. 体细长杆状 …………………………………………… 竹节虫目(Phasmida)
体非杆状,社会性昆虫 ………………………………… 等翅目(1soptera)
15. 跗节3节以下 …………………………………………………………… 16
跗节4~5节 ……………………………………………………………… 17
16. 触角3~5节,寄生于鸟类或兽类体表 ……… 食毛目(Mallophaga)
触角13~15节,非寄生性 ………………………… 啮虫目(Corrodentia)
17. 腹部第1节并入后胸,第1和第2节之间紧缩成柄状 ……………
…………………………………………………………… 膜翅目(Hymenoptera)
腹部第1节不并入后胸,第1节和第2节之间不紧缩为柄状 ……
…………………………………………………………………… 鞘翅目(Coleoptera)
18. 体表密被鳞片,口器虹吸式 ………………… 鳞翅目(Lepidoptera)
体表无鳞片,口器刺吸式、舐吸式或退化 ……………………………… 19
19. 跗节5节 ………………………………………………………………… 20
跗节至多3节 …………………………………………………………… 21
20. 体侧扁(左右扁) …………………………………… 蚤目(Siphonaptera)
体不侧扁 …………………………………………………… 双翅目(Diptera)
21. 跗节端部有能伸缩的泡,爪很小 ……………… 缨翅目(Thysanoptera)
跗节端部无能伸缩的泡 ………………………………………………… 22
22. 足具1爪,适于攀附在毛发上,外寄生于哺乳动物……虱目(Anoplura)
足具2爪,如具1爪则寄生于植物上,极不活泼或固定不动,体呈球状、介壳状等,常被蜡质、胶质等分泌物 …… 同翅目(Homoptera)

23. 翅 1 对 …………………………………………………………………… 24
    翅 2 对 …………………………………………………………………… 32
24. 前翅或后翅特化成平衡棒 …………………………………………… 25
    无平衡棒 …………………………………………………………………… 27
25. 前翅形成平衡棒,后翅大 ………………………… 捻翅目(Strepsiptera)
    后翅形成平衡棒,前翅大 ……………………………………………… 26
26. 跗节 5 节 ……………………………………………… 双翅目(Diptera)
    跗节仅 1 节 ………………………………………… 同翅目(Homoptera)
27. 腹部末端有 1 对尾须 ………………………………………………… 28
    腹部无尾须 ………………………………………………………………… 30
28. 尾须细长而分节(或还有 1 条相似的中尾丝),翅竖立背上 ………
    …………………………………………………………… 蜉蝣目(Ephemerida)
    尾须不分节,多短小,翅平覆背上 …………………………………… 29
29. 跗节 5 节,后足非跳跃足,体细长如杆或扁宽如叶 ………………
    …………………………………………………………… 竹节虫目(Phasmida)
    跗节 4 节以下,后足为跳跃足 ………………… 直翅目(Orthoptera)
30. 前翅角质,口器咀嚼式 ………………………… 鞘翅目(Coleoptera)
    前翅为膜质,口器非咀嚼式 ……………………………………………… 31
31. 翅上有鳞片 ………………………………………… 鳞翅目(kepidoptera)
    翅上无鳞片 ……………………………………… 缨翅目(Thysanoptera)
32. 前翅全部或部分较厚为角质或革质,后翅膜质 ………………… 33
    前翅与后翅均为膜质 …………………………………………………… 40
33. 前翅基半部为角质或革质,端半部为膜质………半(异)翅目(Hemiptera)
    前翅基部与端部质地相同,或某部分较厚但不如上述 ………… 34
34. 口器刺吸式 ……………………………………… 同翅目(Homoptera)
    口器咀嚼式 ………………………………………………………………… 35
35. 前翅有翅脉 ………………………………………………………………… 36
    前翅无明显翅脉 …………………………………………………………… 39
36. 跗节 4 节以下,后足为跳跃足或前足为开掘足………直翅目(Orthoptera)
    跗节 5 节,后足与前足不同上述 ……………………………………… 37

37. 前足捕捉足 ………………………………………… 螳螂目(Mantodea)
前足非捕捉足 ……………………………………………………… 38
38. 前胸背板很大,常盖住头的全部或大部分 ……… 蜚蠊目(Blattaria)
前胸背板很小,头部外露,体似杆状或叶片状 ……………………
……………………………………………… 竹节虫目(Phasmida)
39. 腹部末端有 1 对尾铗,前翅短小,不能盖住腹部中部 ……………
……………………………………………… 革翅目(Dermaptera)
腹部末端无尾铗,前翅一般较长,至少盖住腹部大部分 …………
……………………………………………… 鞘翅目(Coleoptera)
40. 翅面全部或部分被有鳞片,口器虹吸式或退化 …………………
……………………………………………… 鳞翅目(Lepidoptera)
翅上无鳞片,口器非虹吸式 ……………………………………… 41
41. 口器刺吸式 ………………………………………………………… 42
口器咀嚼式、嚼吸式或退化 ……………………………………… 44
42. 下唇形成分节的喙,翅缘无长毛 ………………………………… 43
无分节的喙,翅极狭长,翅缘有缨状长毛………缨翅目(Thysanoptera)
43. 喙自头的前方伸出 ………………………… 半(异)翅目(Hemiptera)
喙自头的后方伸出 ………………………………… 同翅目(Homoptera)
44. 触角极短小,刚毛状 ……………………………………………… 45
触角长而显著,非刚毛状 ………………………………………… 46
45. 腹部末端有 1 对细长多节的尾须(或还有 1 条相似的中尾须),后翅很小 ………………………… 蜉蝣目(Ephemerida 或Ephemeroptera)
尾须短而不分节,后翅与前翅大小相似 ………… 蜻蜓目(Odonata)
46. 头部向下延伸呈喙状 ……………………………… 长翅目(Mecoptera)
头部不延长呈喙状 ………………………………………………… 47
47. 前足第 1 跗节特别膨大,能纺丝 ………………… 纺足目(Embidina)
前足第 1 跗节不特别膨大,也不能纺丝 ………………………… 48
48. 前、后翅几乎相等,翅基部各有 1 条横的肩缝,翅易沿此缝脱落 ……
……………………………………………………… 等翅目(Isoptera)
前、后翅无肩缝 …………………………………………………… 49

49. 后翅前缘有 1 排小的翅钩列,用以和前翅相连 ……………………
…………………………………………………… 膜翅目(Hymenoptera)
后翅前缘无翅钩列 ………………………………………………… 50
50. 跗节 2~3 节 ………………………………………………………… 51
跗节 5 节 …………………………………………………………… 52
51. 前胸很大,腹端有 1 对尾须 ………………… 襀翅目(Plecoptera)
前胸很小如颈状,无尾须 ………………… 啮虫目(Corrodenfia)
52. 翅面密被明显的毛,口器(上颚)退化 ………… 毛翅目(Trichoptera)
翅面上无明显的毛,毛仅着生在翅脉与翅缘上,口器(上颚)发达……
…………………………………………………………………… 53
53. 后翅基部宽于前翅,有发达的臀区,休息时后翅臀区折起,头为前口式 ……………………………………… 广翅目(Megaloplera)
后翅基部不宽于前翅,无发达的臀区,休息时也不折起,头为下口式
…………………………………………………………………… 54
54. 头部长。前胸圆筒形,也很长,前足正常。雌虫有伸向后方的针状产卵器 ……………………………………… 蛇蛉目(Raphidiodea)
头部短。前胸一般不很长,如很长时则前足为捕捉足(似螳螂)。雌虫一般无针状产卵器;如有,则弯在背上向前伸 ……………………
…………………………………………………… 脉翅目(Neuroptera)

二、昆虫常见目及其分科检索

(一)蜻蜓目

咀嚼式口器,触角短小刚毛状,复眼大;翅两对,膜质多脉,前翅前缘端有一翅痣;腹部细长;半变态。如蜻蜓,豆娘。

蜻蜓目常见科检索表

1. 左右复眼靠拢,后翅比前翅稍大,静止时翅常平展 ………………
…………………………………………… 差翅亚目(Aniloptera)(2)
左右复眼远离,前后翅大小形状相似,静止时翅立放背上 …………
…………………………………………… 束翅亚目(Zggoptera)(3)

2. 前后翅的三角室形状相似 ………………………… 蜓总科(Aeschnidea)
   前后翅的三角室形状与位置均不相似 ………… 蜻总科(Lilillulidea)
3. 翅基有柄,结前横脉有 2~4 条,翅柄显著 ………………………………………………………………… 蟌总科(Coenagrionidea)
   体外有金属光泽,结前横脉在 5 条以上,翅柄不显著 ……………………………………………………………… 河蟌总科(Calopterygoidea)

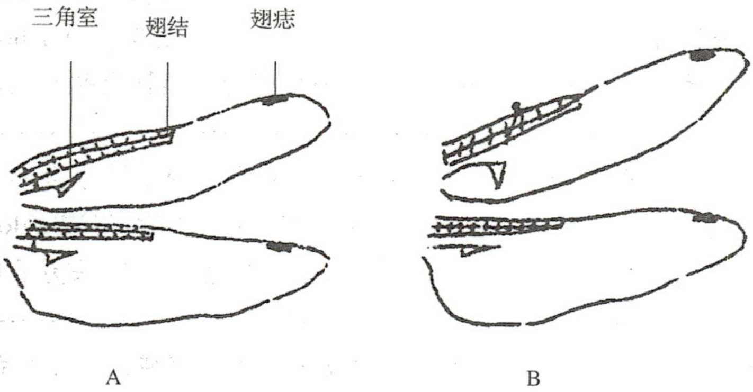

图5-8 蜓总科(A)与蜻总科(B)之前后翅

(二)直翅目

大或中型昆虫。头属下口式;口器标准的咀嚼式;前翅狭长,革质;后翅宽大、膜质,能折叠藏于前翅之下;后足为跳跃足,或前足为开掘足;腹部常具尾须及产卵器;发音器及听器发达;发音以左右翅相摩擦或以后足腿节内侧刮擦前翅而成;渐变态。蝗虫、蝼蛄、油葫芦和中华蚱蜢等。

直翅目常见科检索表

1. 触角丝状,长过躯体(蝼蛄科除外) ……… 螽亚目(Tettigoniodea)(2)
   触角鞭状或剑状较体短,决不超过体长的一半 …………………………………………………………………… 蝗亚目(Acridodea)(4)
2. 跗节 4 节,产卵器剑状或马刀状 …………………………………………………………… 螽斯科(Tettigonidae)(图 5-9-1)
   跗节 3 节,或后足为 4 节,产卵器不似上述 ……………………… (3)

3. 前足特化成开掘足，适于挖土，产卵器不显露于体外 ………………………………………………… 蝼蛄科(Gryllotalpidae)(图5-9-2)

前足常形，产卵器矛状 ……………… 蟋蟀科(Gryllidae)(图 5-9-3)

4. 前胸背板特别大，掩盖整个腹部，前翅鳞片状 ………………………………………………… 菱蝗科(Tettigidae)(图 5-9-4)

前胸背板掩盖中、后胸，前翅为革质的复翅 ……… 蝗科(Acridiidae)

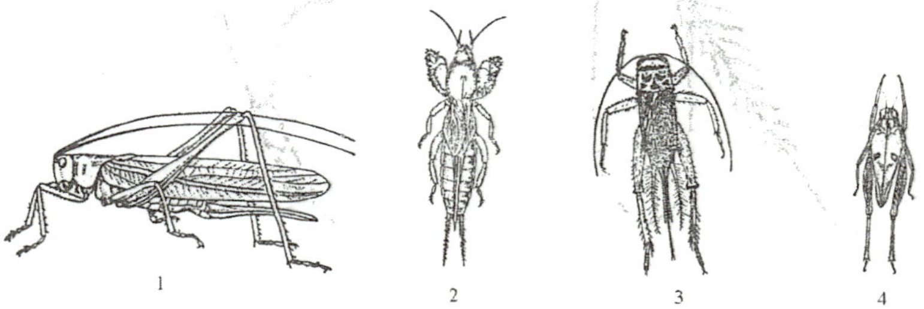

图 5-9 直翅目常见科

1. 螽斯科；2. 蝼蛄科；3. 蟋蟀科；4. 菱蝗科

(三)双翅目

只有 1 对发达的前翅，膜质，脉相简单；后翅退化为平衡棒；复眼大；触角丝状、念珠状、具芒状；口器刺吸式、舐吸式。完全变态，幼虫蛆形。如蚊、蝇、虻等。

双翅目常见科检索表

1. 触角丝状，长于头部及胸部的总长，至少有 6 节组成 ………………………………………………… 长角亚目(Nematocera)(2)

触角短，一般由 3 节组成 ………………… 短角亚目(Brachycera)(4)

2. 体形大，足长，中胸背面隆起，并有明显的 V 字形逢 ………………………………………………… 大蚊科(Tipulidae)

体形小，中胸背面不似上述 ………………………………………… (3)

3. 翅的边缘和翅两边均有鳞片和鳞毛，后足长 ……… 蚊科(Culicidae)

翅无鳞片，前足长 ……………………………… 摇蚊科(Chironomidae)

4. 触角第 3 节较长，常分为几个亚节(有时呈现分节的痕迹或具端刺) ………………………………………………… 虻类(5)(图 5-10-B)

触角第3节不再分为小节，第3节背面具芒 ……………………………………………………………………… 蝇类(7)(图5-10-A)

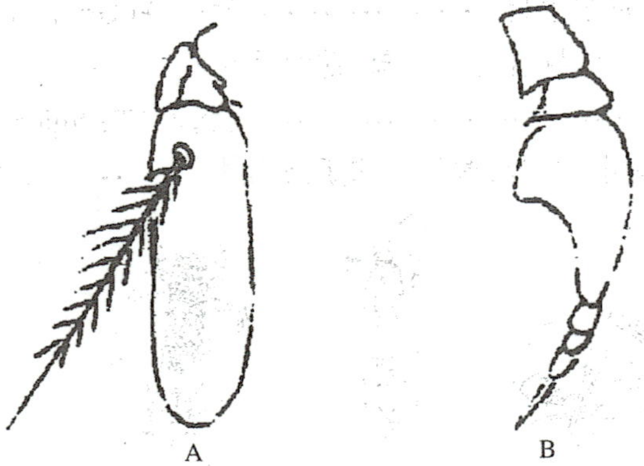

图5-10 蝇科(A)和虻科(B)触角图

5. 爪垫大，爪间突呈刚毛状，头顶在复眼间凹入(图5-11-A) ……………………………………………… 食虫虻科(Asilidae)(图5-12-1)

瓜垫及爪间突均为片状(图5-11-B) …………………………… (6)

6. 腋瓣大 ……………………………… 虻科(Tabanidae)(图5-12-2)

腋瓣小或仅有痕迹 …………… 水虻科(Stratiomyiidae)(图5-12-3)

7. 复跟大，额新月片模糊 ……………………… 食蚜蝇总科(Syrphidea)

额新月片十分清楚 ……………………… 家蝇总科(Mascidea)(8)

8. 腋瓣小或缺，盖不住平均棒，复眼不碰在一起 …………………… (9)

腋瓣特别发达，覆盖平均棒，复眼常靠拢 ………………………… (10)

9. 体形小，触角芒羽毛状 ………… 果蝇科(Drosophilidae)(图5-12-4)

体形小，或极微小，触角芒光滑或具刚毛，但不呈羽毛状 ……………………………………………… 潜蝇科(Agromyzidae)(图5-12-5)

10. 体中到大形，中胸侧板具下后侧刚毛 ………………………… (11)

体小到中形，中胸侧板一般无下后侧刚毛 ……………………… (12)

11. 触角芒的羽状毛至顶端，体常成金属光泽的绿色或蓝色 ………………………………………………………… 丽蝇科(Calliphoridae)

触角芒的刚毛仅分布至中段，胸部背面有黑色条纹，腹部则有黑色

斑纹 …………………………………… 麻蝇科(Sarcophagidae)

12. 第 1 臀脉达于翅后缘,端横脉除少数是直的外,常呈弧形弯曲 ……
………………………………………… 蝇科(Muscidae)(图5-12-6)

第 1 臀脉达于翅后缘,端横脉常直 ……… 花蝇科(Anthomyiidae)

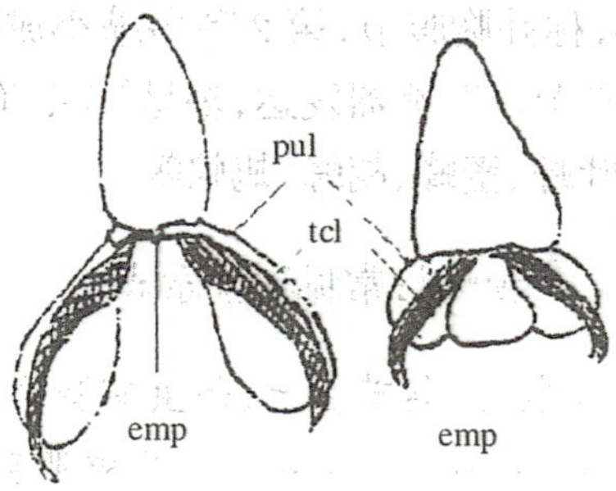

图 5-11 跗节末端,示爪间突

A. 食虫虻; B. 虻; ts. 最末跗节;pul. 爪垫; tcl. 爪; emp. 爪间突

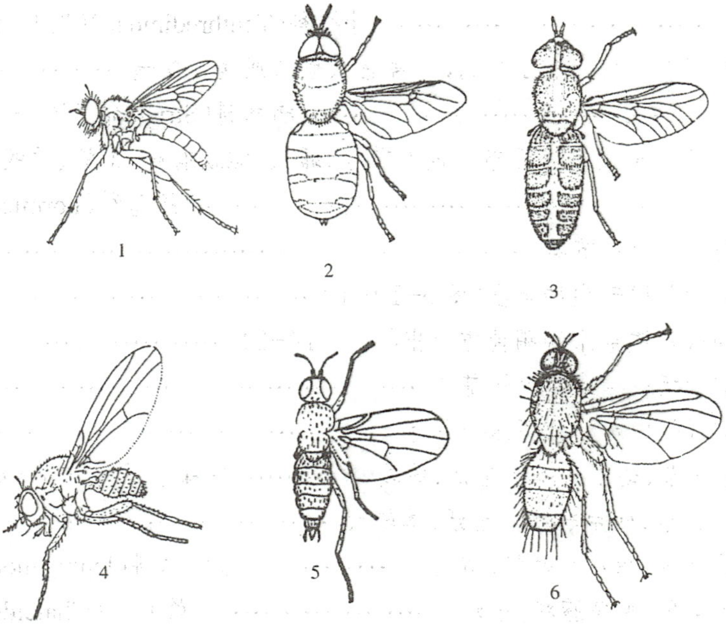

图 5-12 双翅目常见科

1. 食虫虻科;2. 虻科;3. 水虻科; 4. 果蝇科;5. 潜蝇科; 6. 蝇科

(四)膜翅目

体微小至中型,体壁坚硬;头能活动;触角丝状、锤状或膝状;口器一般为咀嚼式,仅蜜蜂科为嚼吸式;前翅大、后翅小,皆为膜翅,透明或半透明,后翅前缘有1列小钩,可与前翅相互连结,前翅前缘有一加厚的翅痣;腹部第1节并入胸部,称并胸腹节,第2节多缩小成腰状的腹柄;末端数节常缩入,仅可见6~7节。产卵器发达,多呈针状,有螫刺能力。完全变态。如姬蜂、赤眼蜂、叶蜂、蜜蜂、胡蜂、蚂蚁等。

膜翅目常见科检索表

1. 成虫胸腹部交界处不收缩,转节2节,幼虫有胸足和腹足 ………………………………………………… 广腰亚目(Chalastogastra)(2)
   成虫胸腹部交界处收缩,转节1或2节,幼虫无足型 ………………………………………………… 细腰亚目(Clistogastra)(3)
2. 前足胫节尖端有2距,产卵器锯齿状 ………………………………………………… 叶蜂科(Tenthredinidae)(图5-13-1)
   前足胫节尖端只有1距,腹末端常具刺状或角状构造 ………………………………………………… 树蜂科(Siricidae)(图5-13-2)
3. 腹部第1节或第1、2节之间有节结,雌蚁、雄蚁有翅,工蚁、兵蚁无翅 ………………………………………………… 蚁总科(Formicoidea)
   腹部无向上的节结 ………………………………………………… (4)
4. 产卵管从腹部尖端生出(图5-14-1) ……………………………… (5)
   产卵管从腹部末端稍前方生出(图5-14-2) …………………… (7)
5. 前胸背板向后延伸达翅基片 ……………………………………… (6)
   前胸背板向后延伸不达翅基片 …………………………………… (8)
6. 转节2节,幼虫营寄生生活,体较小 ……… 细蜂总科(Proctotrypidea)
   转节1节,幼虫非寄生生活,体较大 ……………………………… (9)
7. 翅脉发达,触角为鞭状,体较大 ………… 姬蜂总科(Ichneumonidea)
   翅脉退化,触角膝状,小形 ………………… 小蜂总科(Chalcidoidae)
8. 后足跗节第1节扁平,头及胸部毛羽状 ……… 蜜蜂总科(Apoidae)
   后足跗节第1节柱状不扁平,头胸部毛简单,不呈羽毛状 …………

…………………………………………………… 泥蜂总科(Spheooidea)

9. 休止时前翅通常纵褶 …………………………… 胡蜂总科(Vespoidea)

前翅很少纵褶 ………………………………………………………… (10)

10. 中胸侧板被斜缝分隔为上、下两部,足较长,后足脚节常长达腹部

…………………………………………………… 蛛蜂总科(Pompiloidea)

中胸侧板无上述分割,足较短,后足腿节不达腹端 ………… (11)

11. 体蓝色、青色而带有金属光泽,头和胸部宽度近似 ………………

…………………………………………………… 青蜂总科(Chryeidoidea)

体多黑色,无金属光泽,体多长形,头一般宽于胸部 ……………

…………………………………………………… 土蜂总科(Scolioidea)

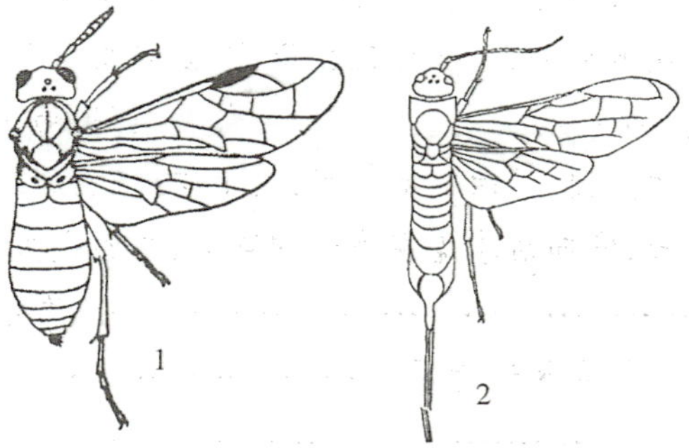

图 5-13 叶蜂科(1)和 树蜂科(2)

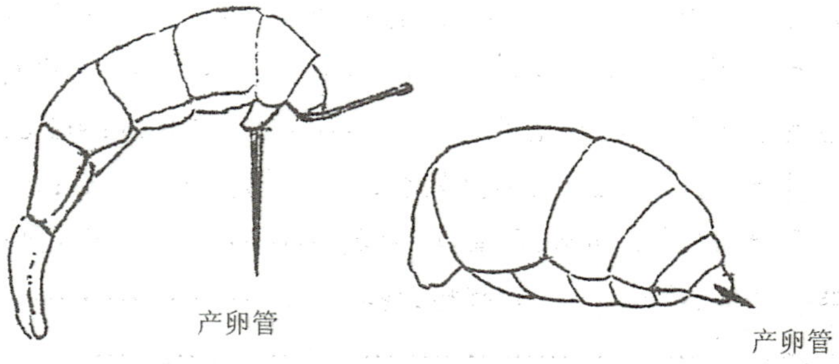

图 5-14 产卵管位置示意图

1. 产卵管从腹部末端稍前方伸出;2. 产卵管从腹部末端伸出

(五)同翅目

口器刺吸式,下唇变成的缘着生于头的后方。成虫大都具翅,休息时

置于背上,呈屋脊状。触角短小,刚毛状或丝状。体部常有分泌腺,能分泌蜡质的粉末或其他物质,可保护虫体。渐变态。如蝉、叶蝉、飞虱、吹棉介壳虫、蚜虫、大草岭等。

同翅目常见科检索表

1. 吻明显地着生在头部,跗节 3 节,触角极短小 …………………… (2)
   吻似由前足间生出或无吻,跗节 1 节或 2 节,触角长成丝状或有时无触角 …………………………………………………………… (7)
2. 体常为大形,雄虫具发音器,具单眼 3 个 ………………………………………………………………… 蝉科(Cicadidae)(图 5-14-1)
   体不为大形,具单眼或无单眼,雄虫无发音器 …………………… (3)
3. 触角着生在头的两侧,位于复跟的下方,额常向前延伸似象鼻,额与颊间有隆堤 ……………………… 蜡蝉总科(Fulgoridea)(图5-14-2)
   触角着生在额上,位于两复眼之间,头不向前延伸 ……………… (4)
4. 前胸背板延长,常向后覆盖在腹部的背面,呈各式角状突起 ………………………………………………… 角蝉科(Memoracidae)
   前胸背板不延伸在腹部背面 ………………………………………… (5)
5. 后足胫节具有刺 ……………………………………………………… (6)
   后足胫节末端有 1 个可动的大距 ………………………………… 飞虱科
6. 后足胫节有 1~2 个大刺,端部有短粗刺一环,虫腹腔能排出气体,形成泡沫 ………………………………………… 沫蝉科(Cercopidae)
   后足胫节下方有 1~2 列短刺 ……… 叶蝉科(Jassidae)(图 5-14-3)
7. 雌雄异形,跗节 1 节,雄虫无吻,具 1 对翅,雌虫无翅;体呈介壳状或虫瘿状,体外具蜡质,呈絮状、片状 ………… 介壳虫总科(Coccidea)
   雌雄同形,跗节 2 节;如有翅,均具 4 翅 ……………………… (8)
8. 翅透明 ……………………………………………………………… (9)
   翅白色,不透明,翅及体上有白粉 ……………… 粉虱科(Alegrodidae)
9. 后足基节膨大适于跳跃,触角 9~10 节,无腹管 ………………………………………………………… 木虱科(Chermidae)
   后足基节不膨大,触角 3~7 节,有腹管 …… 蚜虫总科(Aphidoidea)

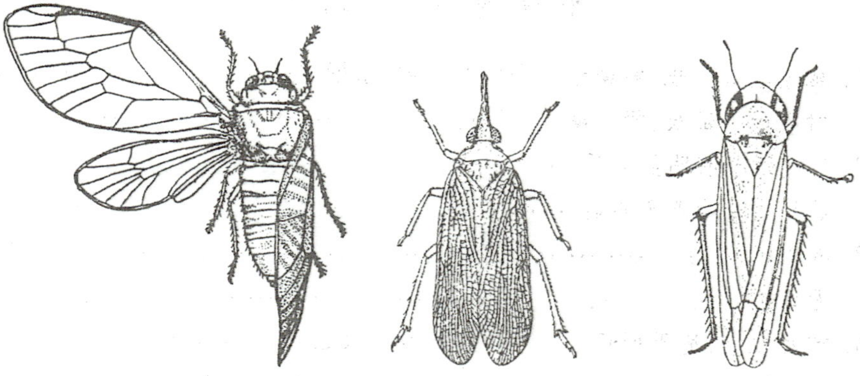

图 5–15 同翅目常见科

1. 蝉科；2. 蜡蝉科；3. 叶蝉科

（六）半（异）翅目

体略扁平；多具翅，前翅为半鞘翅；口器刺吸式，通常 4 节，着生在头部的前端；触角 4 或 5 节；具复眼。前胸背板发达，中胸有发达的小盾片为其明显的标志；身体腹面有臭腺开口，能散发出类似臭椿的气味，故又名椿象。渐变态。如二星蝽、梨蝽、稻蛛缘蝽、三点盲蝽、绿盲蝽、猎蝽、臭虫。

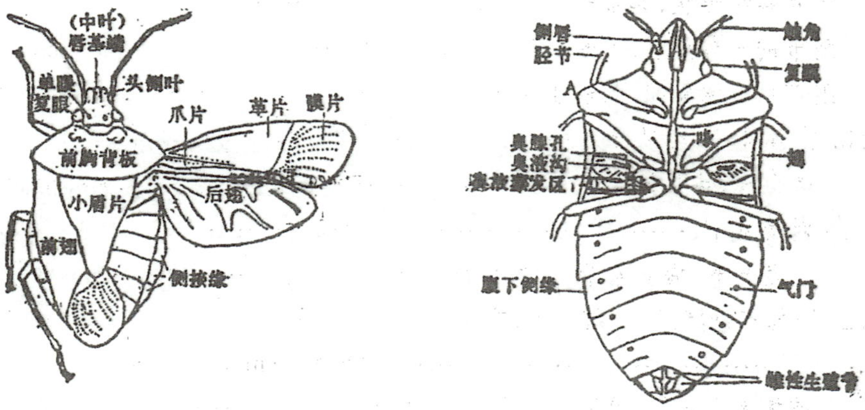

图 5–16 蝽科外部形态结构特征

半(异)翅目常见科检索表

1. 触角较头部短,常藏于眼下的凹陷内,水栖种类 …………………… (2)
   触角较头部长,极少藏于眼下的凹陷内 …………………… (8)
2. 后足跗节有明显的爪 …………………… (3)
   后足跗节的爪不明显 …………………… (7)
3. 有单眼 …………………… (4)
   无单眼 …………………… (5)
4. 前足粗短,适于捕获 ………… 蟾蝽科(Gelastocoridae)(图 5-17A-1)
   前足细长,适于步行 ………… 拟蟾蝽科(Ochteridae)(图 5-17A-2)
5. 前翅的膜质部分有明显的翅脉 …………………… (6)
   前翅的膜质部分无翅脉 …………………… 潜蝽科(Naucoridae)
6. 跗节 1 节,腹部的呼吸管长 …………………… 蝎蝽科(Nepidae)
   跗节 2 节,腹部的呼吸管短 ……………………
   …………………… 负子蝽科(Belostomatidae)(图 5-17A-3)
7. 前足跗节 1 节,无爪,匙形 …………………… 划蝽科(Coroxidae)
   前足跗节正常,具 2 爪 ······ 仰泳蝽科(Notonectidae)(图 5-17A-4)
8. 体细长,头长与胸部三节的全长相等 ……………………
   …………………… 尺蝽科(Hydrometridae)(图 5-17A-5)
   体具各种形状,如细长时则头部较胸部短 …………………… (9)
9. 跗节的末节分裂,爪着生在跗节末端以前 …………………… (10)
   跗节的末端完整,爪着生在跗节末端 …………………… (11)
10. 喙 4 节,中后足长 …………………… 水黾科(Gerridae)(图 5-17A-6)
    喙 3 节,后足短 …………………… 宽肩黾科(Velliidae)
11. 触角 4 节 …………………… (12)
    触角 5 节,偶有 4 节,小盾片常超过爪片长度 …………………… (21)
12. 前翅有网状纹;前胸扩大,亦有网状纹 ……………………
    …………………… 网蝽科(Tingidae)(图 5-17A-7)
    前翅无网状纹;前胸不扩大,亦无网状纹 …………………… (13)
13. 喙 3 节 …………………… (14)

喙4节 ………………………………………………………………… (17)

14. 前胸有缘片,无翅种类,无单眼 ……………………………… (15)

前翅无缘片 ……………………………………………………… (16)

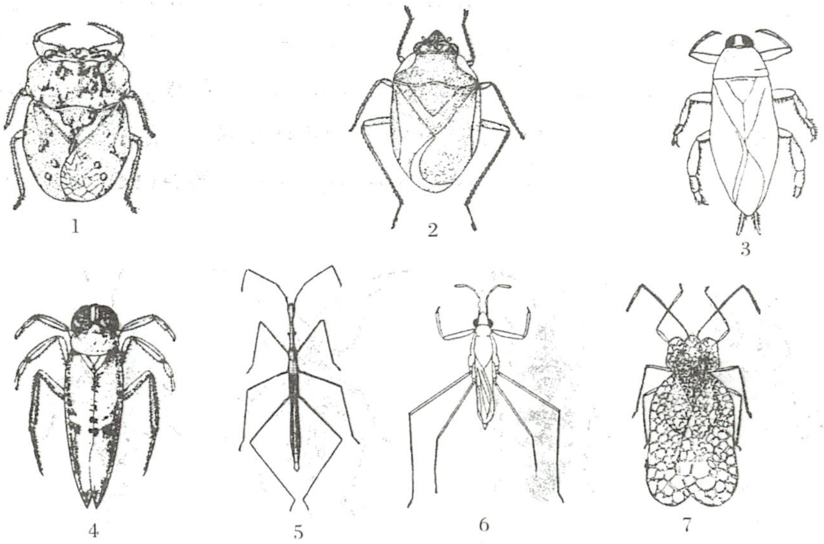

图5-17A 半翅目常见科(一)

1. 蟾蝽科;2. 拟蟾蝽科;3. 负子蝽科;4. 仰泳蝽科;5. 尺蝽科;6. 水黾科;7. 网蝽科

15. 前翅退化,营半寄生生活 ……… 臭虫科(Cimicidae)(图5-17B-8)

前翅发达 ……………………… 花蝽科(Anhocoridae)(图5-17B-9)

16. 体极扁,头部无细颈 ……………………… 盾蝽科(Scutelleridae)

体非极扁,头部有细颈,活动自如 ……………………………………

……………………………… 猎蝽科(Reduviidae)(图5-17B-10)

17. 前翅有楔片,无单眼,膜片有1~2个小型翅室 ……盲蝽科(Miridae)

前翅无楔片 ……………………………………………………… (18)

18. 无单眼 ………………………………………………………… (19)

有单眼 ………………………………………………………… (20)

19. 体极扁 ……………………… 扁蝽科(Araeidae)(图5-17B-11)

体非极扁,常有星斑 ……… 红蝽科(Pyrrhocoridae)(图5-17B-12)

20. 前翅膜质部有翅脉4~5条 …… 长蝽科(Lygaeidae)(图5-17B-13)

前翅膜质部有很多分枝的脉,各脉均起源于横基脉 ………………

……………………………… 缘蝽科(Coreidae)(图 5-17B-14)

21. 胫节具粗刺,前足通常适于挖掘 ……………… 土蝽科(Cydnidae)

胫节光滑或仅具小刺 ……………………………………… (22)

22. 前翅的长度为腹部的 2 倍,藏在扩大的小盾片下方,跗节 2 节,小盾片极大 ……………………………… 龟蝽科(Plataspidae)

前翅正常,跗节 3 节,触角基部为头部的侧缘所盖,小盾片三角形 ……………………………………… 蝽科(Pentatomidae)

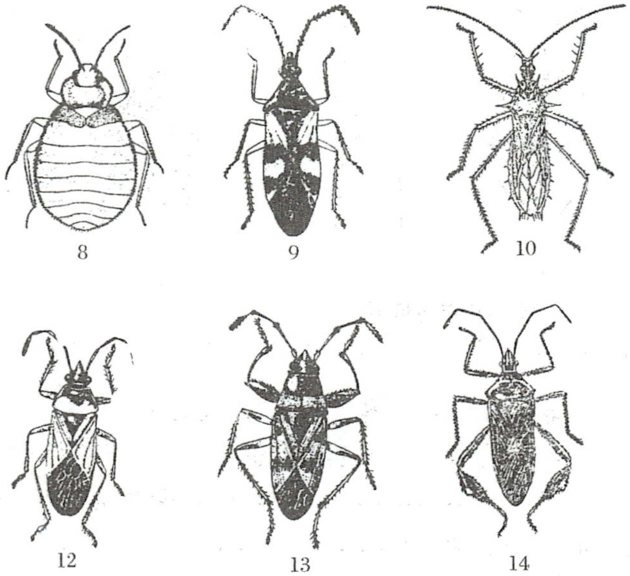

图 5-17B 半翅目常见科(二)

8. 臭虫科;9. 花蝽科;10. 猎蝽科;11. 扁蝽科;12. 红蝽科; 13. 长蝽科;14. 缘蝽科

(七)鞘翅目

口器咀嚼式;触角形式变化极大,丝状、锯齿状、膝状、鳃片状等;前翅角质,厚而坚硬,停息时在背上左右相接成一直线;后翅膜质,常折叠藏于前翅下,脉纹稀少;中胸小盾片小,三角形,露于体表。完全变态。如金龟子、天牛、叩头虫、黄守瓜、瓢虫等。

鞘翅目常见科检索表

1. 腹部第1节的腹面被后足基节窝分开,两侧的部分和中央部分隔开
   …………………………………………… 肉食亚目(Adephaga)(2)
   腹部第1节的腹面不被后足基节窝分开,两侧部分和中央部分连成一片 ………………………………… 多食亚目(Polyphaga)(5)
2. 后胸腹板具一横缝,位于两后足基节的前方 ………………… (3)
   后胸腹板在后足基节前方无横缝 …………………………… (4)
3. 口器伸向头的前方,与体成水平 ……………………………………
   ……………………………… 步行虫科(Carabidae)(图5-18A-1)
   口器向下,与体垂直 …………… 虎甲科(Cicindelidae)(图5-18A-2)
4. 前足长大,复眼分为上下两部 …… 豉甲科(Gyrinidae)(图5-18A-3)
   ♀性前足及复眼正常,♂性前足则为抱握状,后足为游泳足 ………
   ……………………………………………… 龙虱科(Dytiscidae)
5. 触角为鳃片状 ………………………… 金龟子总科(Scarabaeidae)
   触角不似上述 ……………………………………………… (6)
6. 多数种类头的前部延长如象鼻状(如不延长呈象鼻状,则触角端部数节膨大如球 ………………………… 象甲总科(Carculionidea)(11)
   头的前部不延长成象鼻状 ………………………………… (7)
7. 腹部至少3节角质化,并有一部分露在鞘翅之外 …………………
   ……………………………………… 隐翅总科(Staphylinidae)(12)
   鞘翅一般掩盖腹部 ………………………………………… (8)
8. 跗节4节,但在第3跗节分为左右两瓣 ……………………………
   …………………………………… 天牛总科(Cerambycoidae)(13)
   跗节4~5节,第3跗节不分为左右两瓣 ……………………… (9)
9. 前、中足跗节5节,后足跗节4节 …………………………… (18)
   前、中、后足跗节均为4节或5节 …………………………… (14)
10. 触角末端的鳃片不能自由活动,雄虫大额发达,呈锹状伸向前方……
    ……………………………… 锹甲科(Lucacidae)(图5-18A-4)
    触角鳃片扁薄,末节能自由闭锁,雄虫大额不似上述状 …………

……………………………… 金龟甲科(Scarabaeidae)(图5-18A-5)

11. 外咽缝合成一线,头的前端延长成象鼻状 ………………………………
……………………………… 象甲科(Curculionidae)(图 5-18A-6)
头顶宽阔,前端不延长成象鼻状,触角端部数节密接膨大如球………
……………………………… 小蠹科(Scolytidae)(图5-18A-7)

12. 触角念珠状,腹部大半露在鞘翅之外 ………………………………
……………………………… 隐翅虫科(Staphylinidae)(图 5-18A-8)
触角膝状,腹部大半被鞘翅掩盖 ………………………………
……………………………… 阎甲科(Histeridae)(图 5-18A-9)

13. 触角的基部和复眼不相遇,触角短于体长 ………………………………
……………………………… 叶甲科(Chrysomelidae)(图 5-18A-10)
触角的基部和复眼相遇,触角长于体长 ………………………………
……………………………… 天牛科(Cerambycidae)(图 5-18A-11)

14. 小颚须和触角同长,或比触角还长,多数种类腹面具一针刺 ……
……………………………… 水龟甲科(Hydrophilidae)(图5-18A-12)
小颚须不如上述 ……………………………………………… (15)

15. 体半球形,跗节 4 节,但能见的只有 3 节 ………………………………
……………………………… 瓢虫科(Coccinellidae)(图 5-18B-13)
体形不似上述,跗节 4~5 节 ……………………………… (16)

16. 腹末端都能发萤光 ……………… 萤科(Lampyridae)(图 5-18B-14)
腹末端不能发萤光 ……………………………………………… (17)

17. 胸前下方有 1 枚针状突起,腹部腹面第 1、2 节不愈合,前胸背板与鞘翅相连处凹下 …………… 叩头甲科(Elateridae)(图 5-18B-15)
前胸下方也有 1 枚针状突起,但腹部腹面第 1、2 节愈合,前胸背板与鞘翅相连处不凹下 …… 吉丁虫科(Buprestidae)(图 5-18B-16)

18. 头大,鞘翅在端部分离,不合拢 … 芫菁科(Meloidae)(图 5-18B-17)
头不大,鞘翅虽柔软,但在端部不分离,两鞘翅合拢 ………………
……………………………… 伪叶甲科(Lagriidae)(图 5-18B-18)

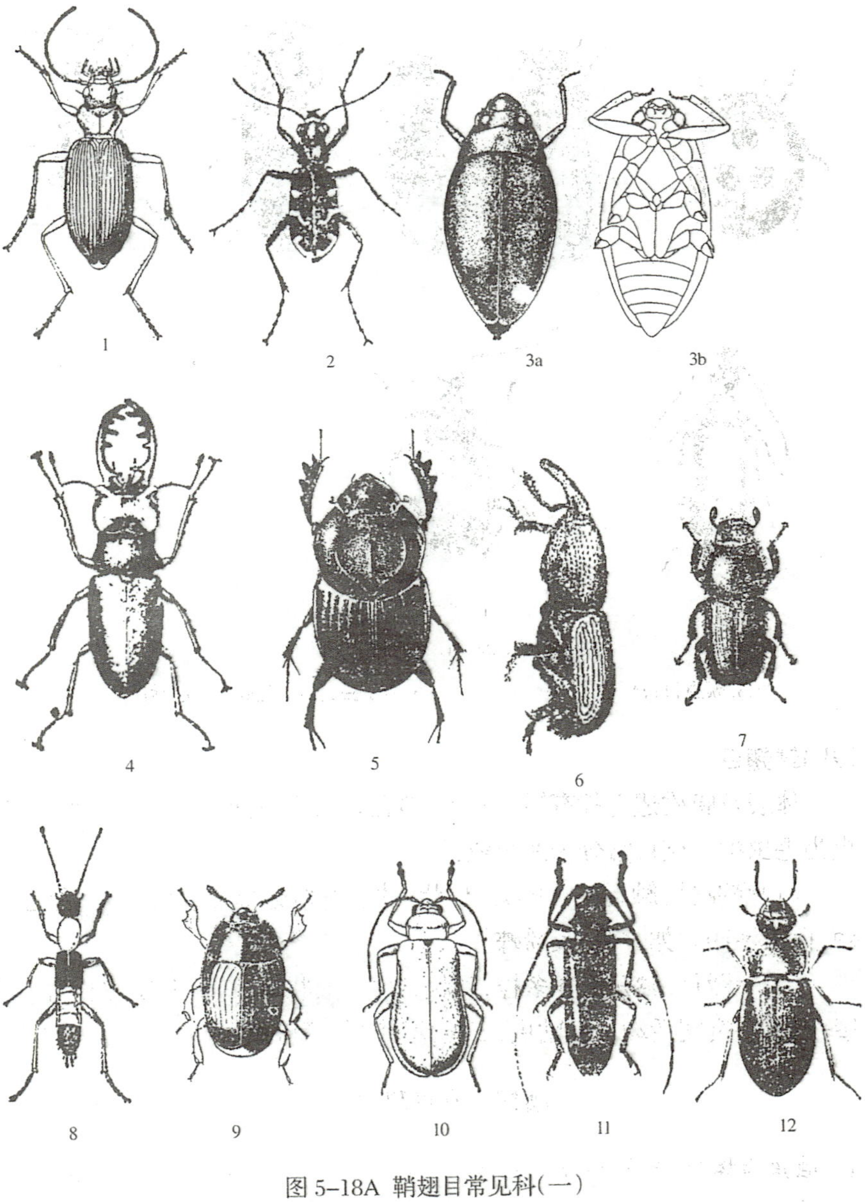

图 5-18A 鞘翅目常见科(一)

1. 步行虫科;2. 虎甲科;3. 豉甲科(a. 背面;b. 腹面);4. 锹甲科;5. 金龟甲科;6. 象甲科;7. 小蠹科;8. 隐翅虫科;9. 阎甲科;10. 叶甲科;11. 天牛科;12. 水龟甲科.

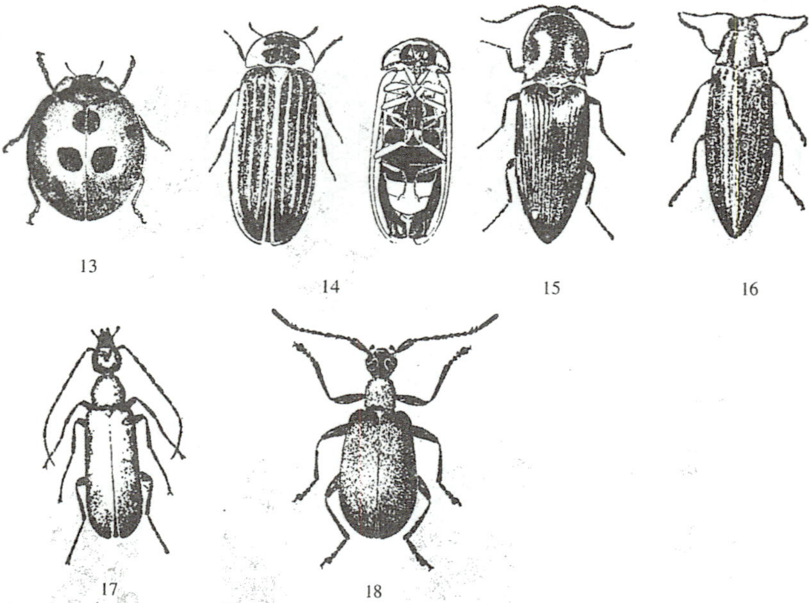

图 5-18B 鞘翅目常见科(二)

13. 瓢虫科;14. 萤科; 15. 叩头甲科;16. 吉丁虫科;17. 芫菁科;18. 伪叶甲科

(八)鳞翅目

体表及膜质翅上都有鳞片及毛,口器虹吸式;复眼发达。完全变态,幼虫为毛虫型。该目常分为两个亚目。

(1)蝶亚目:触角末端膨大,棒状;休息时两翅竖立在背上;翅颜色艳丽,白天活动。如凤蝶、菜粉蝶等。

(2)蛾亚目:触角形式多样,丝状、栉状、羽状等;休息时翅叠在背上呈屋脊状;多夜间活动。如粘虫、二化螟、家蚕、蓖麻蚕、柞蚕等。

鳞翅目常见科检索表

1. 触角为棒状,后翅全部无翅缰,成虫多日间活动 ………………… (2)

触角为丝状、羽状或栉状,多数后翅有翅缰,仅部分的科无翅缰或翅缰不发达,成虫多夜间飞翔 ………………………………………… (7)

2. 触角的尖端呈钩状弯曲,前翅经脉分为5支,翅脉全部发自中室,不

共柄 ………………………………………… 弄蝶科(Hesperiidae)

触角的尖端不呈钩状弯曲,部分的经脉有共柄现象 …………… (3)

3. 前翅具A脉2条,后翅具A脉1条,体大形,后翅常有尾状突起,外缘多呈波形(图5-20A-1) …………………… 凤蝶科(Papilionidae)

前翅具A脉1条,后翅具A脉2条,体中等到小形 …………… (4)

4. 前足极小,紧贴胸下 ………………………………………… (6)

前足正常 ……………………………………………………… (5)

5. 体中形,翅黄色、白色或桔红色 …………………… 粉蝶科(Pieridae)

体小形,翅为蓝色、紫色等,触角有白环 ……… 灰蝶科(Lycaenidae)

6. 前翅基部有1~3条脉特别膨大,翅反面多具眼状斑,翅色暗 ………
………………………………………………… 眼蝶科(Satyridae)

翅无上述情况但翅色鲜艳(图5-20A-2) …… 蛱蝶科(Nymphalidae)

7. 翅狭长,常大部分透明,不具鳞片,体形常似蜂 ………………
……………………………… 透翅蛾科(Aegeriidae)(图5-19-1)

翅面具有鳞片(少数例外) ……………………………………… (8)

8. 体形小,后翅多数有很长的缘毛 ………………………………
……………… 小蛾类(包括谷蛾科、麦蛾科和巢蛾科)(图5-19-2)

体中形或大形,但仅有部分为小形(如卷叶蛾科和螟蛾科),后翅缘毛的长度小于后翅的宽度 …………………………………… (9)

9. 翅的中室内有脉;若中室内脉不明显,成虫一般颜色多鲜艳 … (10)

翅的中室内无脉 ……………………………………………… (12)

10. 喙发达,白天飞行,翅宽大 ……… 斑蛾科(Eygalnidae)(图5-19-3)

喙不发达,夜晚飞行,翅不宽大 ……………………………… (11)

11. 前翅1A与2A间有横脉相连(图5-20A-3),♀常无翅 …………
………………………………… 蓑蛾科(Psychidae)(图5-19-4)

前翅1A与2A间无一横脉相连,♀有翅(图5-20A-4) …………
………………………………… 刺蛾科(Eucleidae)(图5-19-5)

12. 后翅A脉3条;若A脉2条,翅多具透明斑 ………………… (13)

后翅A脉2条;若A脉3条,前翅外缘成波状曲折 ………… (15)

13. 后翅Sc似缺如,白天飞行(图5-20B-5),翅多具透明斑 …………

…………………………………………………… 鹿蛾科(Amatidae)

后翅 Sc 脉与 R_1 脉合并成 $Sc+R_1$ 脉,一般翅无透明斑 ……… (14)

14. 后翅 $Sc+R_1$ 与 Rs 不愈合(图 5-20B-6),前翅近长方形 ………… …………………………………………… 卷叶蛾科(Tortricidae)

后翅 $Sc+R_1$ 与 Rs 在中室外有部分愈合(图 5-20B-7),前翅长三角形 ………………………………… 螟蛾科(Pyral)(图 5-19-6)

15. 翅缰退化,后翅肩区膨大 ………………………………… (16)

翅缰发达,后翅肩区不膨大 ……………………………… (18)

16. 后翅肩区特别膨大,并有肩横脉(图 5-20B-8) …………………… ……………………… 枯叶蛾科(Lasiocampidae)(图 5-19-7)

后翅肩区略膨大,无肩横脉 ……………………………… (17)

17. 体中形, 头部短小, 后翅在 Sc 与 R 脉之间具有 R_1 的游离部分 (图 5-20C-9) ………………………………… 蚕蛾科(Saturniidae)

体大形,粗肥,后翅无 R_1 的游离部分(图 5-20C-10) ……………… ………………………………………… 大蚕蛾科(Bonbycidae)

18. 前翅长,外缘斜向,触角的尖端钩状 ………………………… ………………………… 天蛾科(Sphingidae)(图 5-19-8)

前翅和触角不是上述情况 ……………………………… (19)

19. 体躯一般细瘦,翅大而薄,前翅有条纹相连,静止时四翅平展 …… ………………………… 尺蛾科(Geometridae)(图5-19-9)

体躯一般较粗壮,多毛,静止时四翅不平展 ………………… (20)

20. 后翅 Sc 与 R 脉的愈合范围广,自中室基部起直达中室的中段,翅常具有鲜明的斑纹(图 5-20C-11),体色鲜艳 ……………………… ………………………… 灯蛾科(Arctiidae)(图 5-19-10)

后翅 Sc 和 R 脉的愈合范围很小, 翅斑纹丰实但不甚鲜明 (图 5-20C-12、5-20D-13),翅斑鲜明,都无单眼,体色一般不鲜艳…… ……………………………………………………………… (21)

21. 有单眼,喙发达 ………………… 夜蛾科(Noctuidae)(图 5-19-11)

无单眼,喙不发达,♀腹部末端常具毛丛 ……………………… ……………………… 毒蛾科(Lymantriidae)(图 5-19-12)

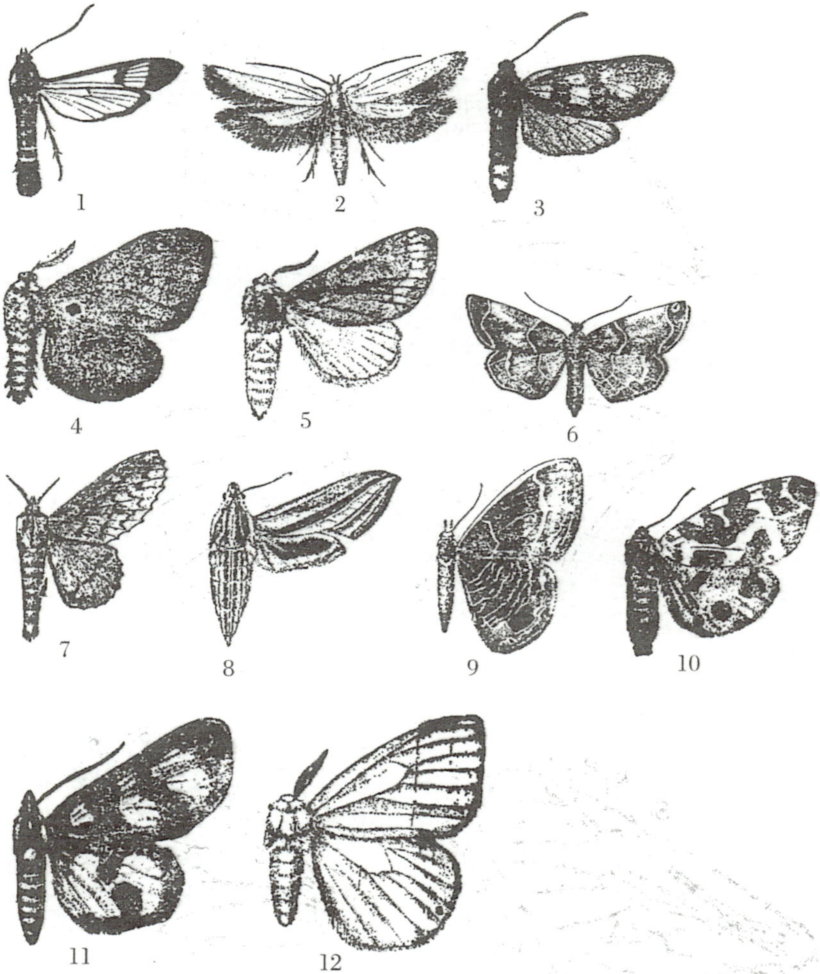

图 5–19 鳞翅目常见科

1. 透翅蛾科；2. 麦蛾科；3. 斑蛾科；4. 蓑蛾科；5. 刺蛾科；6. 螟蛾科；
7. 枯叶蛾科；8. 天蛾科；9. 尺蛾科；10. 灯蛾科；11. 夜蛾科；12. 毒蛾科

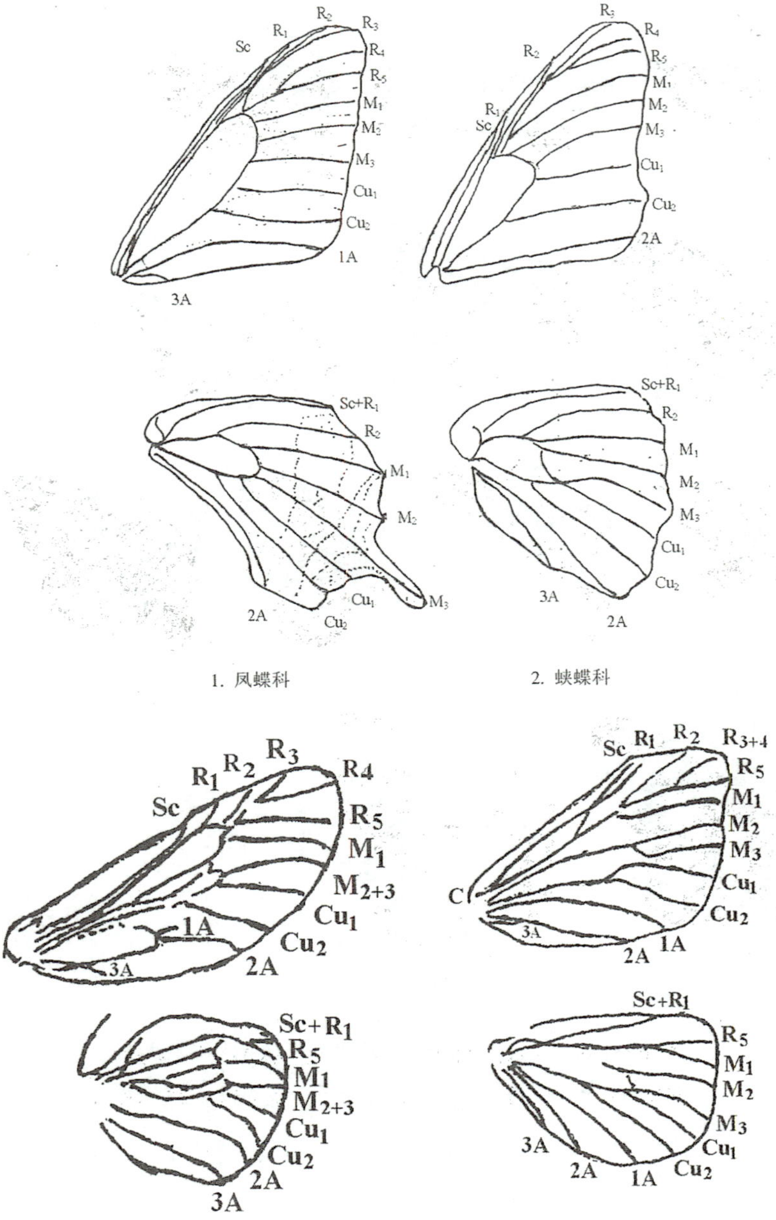

1. 凤蝶科　　2. 蛱蝶科

3. 蓑蛾科　　4. 刺蛾科

图 5–20A 各类鳞翅目昆虫脉相图(一)

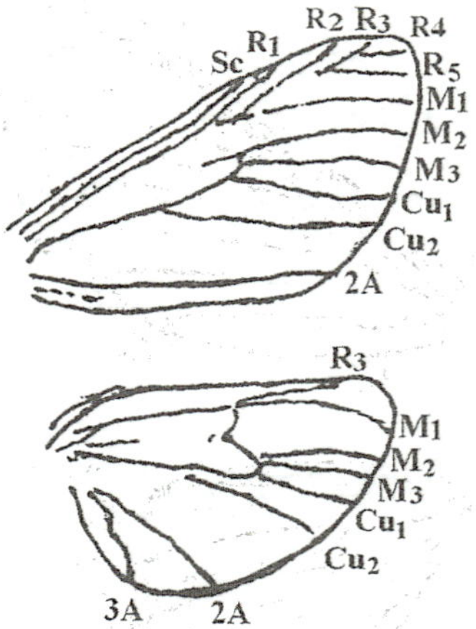

5. 鹿蛾科

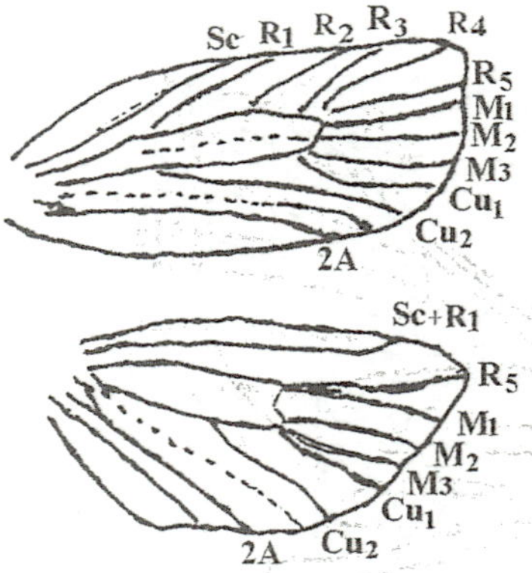

6. 卷叶蛾科

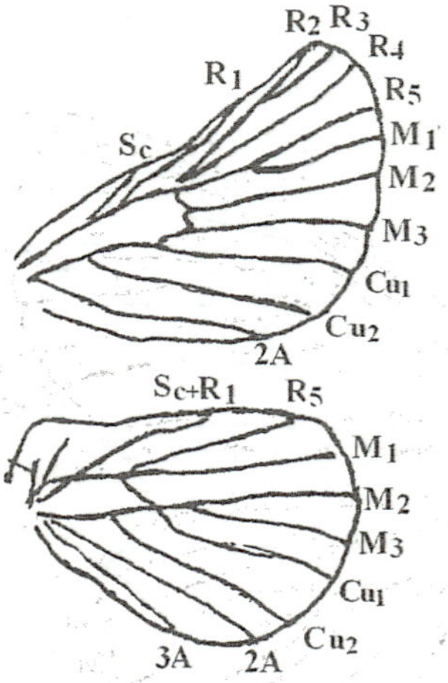

7. 螟蛾科

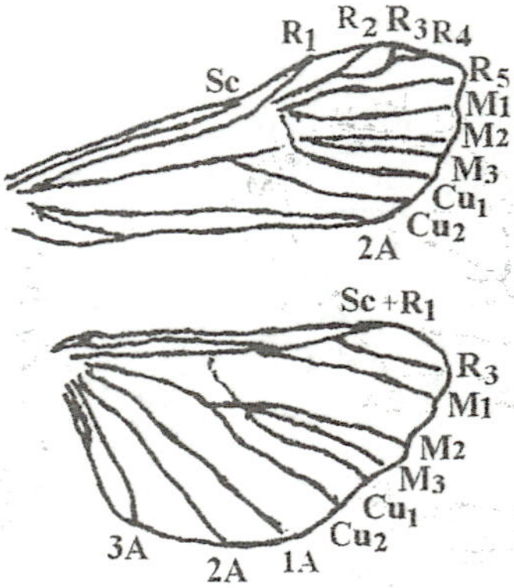

8. 枯叶蛾科

图 5-20B 各类鳞翅目昆虫脉相图(二)

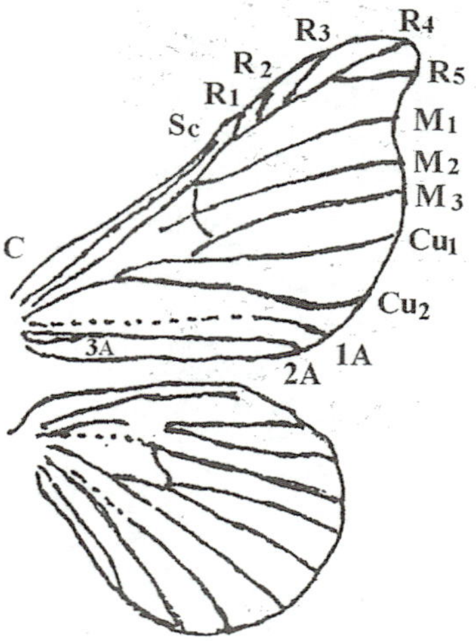

9. 蚕蛾科

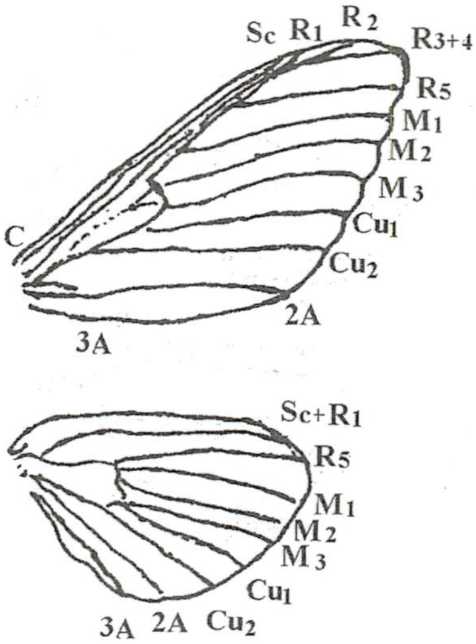

10. 大蚕蛾科

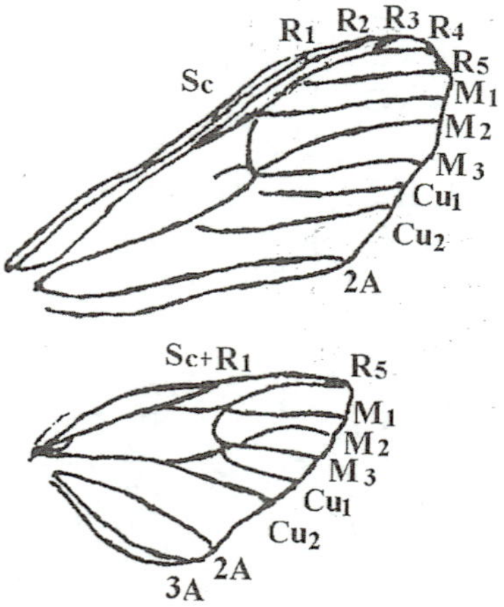

11. 灯蛾科

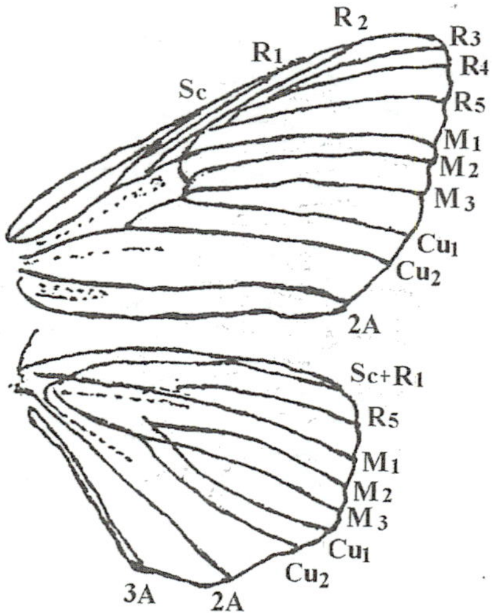

12. 夜蛾科

图 5-20C 各类鳞翅目昆虫脉相图(三)

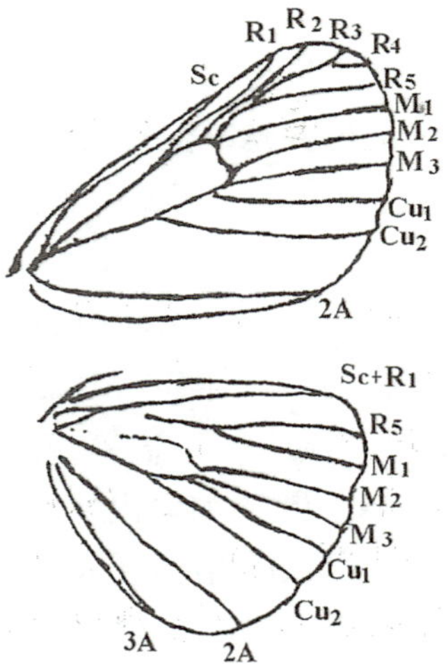

13. 毒蛾科

图 5-20D 各类鳞翅目昆虫脉相图(四)

主要参考文献

1. 堵南山.甲壳动物学：下册[M].北京：科学出版社，1993.
2. 何志辉.淡水生物学：上册（分类学部分）[M].北京：农业出版社，1982.
3. 刘凌云，郑光美.普通动物学[M].北京：高等教育出版社，1997.
4. 王家辑.中国淡水轮虫志[M].北京：科学出版社，1961.
5. 吴志强.动物学野外实习指导[M].南昌：江西高校出版社，1994.
6. 徐亚君，唐鑫生.长江流域无脊椎动物学野外实习指导[M].北京：当代中国出版社，2004.
7. 杨琰云，韦正道，屈云芳.动物学实验教程[M].北京：科学出版社，2005.
8. 章宗涉，黄祥飞.淡水浮游生物研究方法[M].北京：科学出版社，1991.
9. 钟觉民.昆虫分类图谱[M].南京：江苏科学技术出版社，1985.
10. 和振武，许人和.淡水生活的腔肠动物[J].生物学通报，1994，29（3）：4–6.
11. 蒋新治，堵南山.中国动物志·节肢动物门·甲壳纲·淡水枝角类[M].北京：科学出版社，1979.
12. 中国科学院动物研究所甲壳动物研究组.中国动物志·节肢动物门·甲壳纲·淡水桡足类[M].北京：科学出版社，1979.